AS COMPETÊNCIAS PARA ENSINAR NO SÉCULO XXI

SOBRE OS AUTORES

Philippe Perrenoud
Sociólogo e professor na Faculdade de Psicologia e de Ciências da Educação da Universidade de Genebra.

Monica Gather Thurler
Professora de Ensino e Pesquisa na Faculdade de Psicologia e de Ciências da Educação da Universidade de Genebra.

Lino de Macedo
Vice-Diretor do Instituto de Psicologia da Universidade de São Paulo.

Nílson José Machado
Professor do Pós-Graduação em Educação da Universidade de São Paulo.

Cristina Dias Allessandrini
Doutora em Psicologia Escolar e do Desenvolvimento Humano pela Universidade de São Paulo.

P455c   Perrenoud, Philippe
    As competências para ensinar no século XXI: a formação dos professores e o desafio da avaliação / Philippe Perrenoud, Monica Gather Thurler, Lino de Macedo, Nílson José Machado e Cristina Dias Allessandrini; trad. Cláudia Schilling e Fátima Murad. — Porto Alegre : Artmed Editora, 2002.
    176 p. ; 23 cm.

    ISBN 978-85-363-0021-4

    1. Educação – Formação de Professores – Avaliação. I. Thurler, Monica Gather. II. Macedo, Lino de. III. Machado, Nílson José. IV. Allessandrini, Cristina Dias. V. Título.

    CDU 371.13

Catalogação na publicação: Mônica Ballejo Canto – CRB 10/1023

AS COMPETÊNCIAS PARA ENSINAR NO SÉCULO XXI

A FORMAÇÃO DOS PROFESSORES
E O DESAFIO DA AVALIAÇÃO

Philippe Perrenoud
Monica Gather Thurler
Lino de Macedo
Nílson José Machado
Cristina Dias Allessandrini

Tradução:
Cláudia Schilling
Fátima Murad

Supervisão e revisão técnica dos capítulos traduzidos desta edição:
Lino de Macedo
Vice-diretor do Instituto de Psicologia da USP.

Reimpressão 2008

2002

© Artmed Editora S.A., 2002

Capa
Gustavo Macri

Preparação do original
Elisângela Rosa dos Santos

Leitura final
Osvaldo Arthur Menezes Vieira

Supervisão editorial
Mônica Ballejo Canto

Projeto gráfico
Editoração eletrônica
Armazém Digital Editoração Eletrônica – rcmv

Reservados todos os direitos de publicação, em língua portuguesa, à
ARTMED® EDITORA S.A.
Av. Jerônimo de Ornelas, 670 - Santana
90040-340 Porto Alegre RS
Fone (51) 3027-7000 Fax (51) 3027-7070

É proibida a duplicação ou reprodução deste volume, no todo ou em parte,
sob quaisquer formas ou por quaisquer meios (eletrônico, mecânico, gravação,
fotocópia, distribuição na Web e outros), sem permissão expressa da Editora.

SÃO PAULO
Av. Angélica, 1091 - Higienópolis
01227-100 São Paulo SP
Fone (11) 3665-1100 Fax (11) 3667-1333

SAC 0800 703-3444

IMPRESSO NO BRASIL
PRINTED IN BRAZIL

Apresentação

Philippe Perrenoud e Monica Gather Thurler, em agosto de 2001, fizeram cada qual duas conferências em quatro cidades brasileiras: São Paulo, Porto Alegre, Curitiba e Salvador. Com a presente publicação, os textos nos quais apoiaram suas falas estão agora disponíveis em nossa língua. Cumprimento a ARTMED por essa iniciativa, pois, conforme verão, os assuntos abordados são bastante pertinentes e possibilitam discussões e tomadas de decisão importantes e difíceis, se quisermos que nossa escola fundamental trabalhe de um modo diferenciado e construtivo.

Um dos capítulos de Perrenoud é sobre a "formação de professores no século XXI". Com seu estilo instigante, didático e contributivo, o autor propõe dez temas e analisa-os um a um, em favor da superação dos desafios que a nova escola propõe à formação de professores. O outro capítulo é sobre a avaliação no contexto de uma aprendizagem organizada em ciclos. Na primeira parte, Perrenoud apresenta sua concepção de ciclos de aprendizagem e, na segunda, analisa os problemas de avaliação quando se adota essa forma de organização curricular. Trata-se de um texto importante, uma vez que, até onde sei, discute a problemática dos ciclos de aprendizagem de um modo, em muitos pontos, diferente do que conhecemos ou praticamos aqui no Brasil.

Monica Gather Thurler analisa, em um de seus capítulos, o desenvolvimento profissional de professores nos termos requeridos pelos novos paradigmas e pelas novas práticas escolares. Com seu texto, convida-nos a rever as formas tradicionais de formação de professores dadas suas insuficiências atuais e dado que deveríamos inovar em favor dessa superação. Além disso, a autora antecipa dificuldades ou desafios que enfrentamos quando desejamos formar professores nas novas perspectivas. O segundo capítulo de Thurler é sobre avaliação, com ênfase na questão da avaliação das escolas do modo como hoje está sendo implementada. Trata-se de uma contribuição importante para um tema difícil e complexo. Lembro, apenas para incitar a leitura do texto, alguns dos assuntos analisados pela autora: a auto-avaliação (tanto de professores quanto da instituição escolar) e sua relação com a avaliação externa, a obrigação de produção de resultados, a apropriação coletiva dos objetivos da escola, a avaliação da programação das propostas didáticas tendo em vista as características e necessidades de nossos alunos, ou seja, a escola como organização aprendiz, a questão da falta de entusiasmo ou do desgaste nestes tempos em que aprendizagem e avaliação, tanto em sua perspectiva formativa quanto certificativa, são exigidas de todos.

Como o leitor pode perceber, no presente livro, Perrenoud e Thurler refletem sobre os mesmos temas – formação de professores e avaliação escolar –, mas o fazem analisando ângulos diferentes, ainda que complementares, das mesmas questões.

Nilson José Machado, Cristina Dias Allessandrini e eu somos os autores brasileiros que participam desta edição, apresentando cada qual um capítulo. O professor Nilson participou do seminário em São Paulo. A professora Cristina participou dos seminários em São Paulo e Porto Alegre, sendo a revisora técnica da tradução de seis livros de Perrenoud publicados pela ARTMED. Eu participei dos quatro seminários apresentados por Perrenoud e Thurler.

O capítulo do professor Nilson é sobre "uma idéia de competência". Nele, o autor apresenta uma visão histórica, filosófica, etimológica e conceitual desta noção, possibilitando-nos refletir sobre o assunto de uma maneira muito valiosa, dada a importância e a dificuldade que temos para pensar sobre esse tema e aplicá-lo no contexto escolar. Por que competências se relacionam com pessoas? Como articular, por suas semelhanças e diferenças, competências, âmbitos e habilidades? Como e por que mobilizar recursos em favor do desenvolvimento de competências? Qual a relação entre competências e educação profissional? Por fim, como pensar de forma cooperativa e solidária o desenvolvimento de competências com a aprendizagem de conteúdos disciplinares na escola? Estas são as principais perguntas que o capítulo escrito pelo professor Nilson ajuda-nos a responder.

O capítulo da professora Cristina é sobre a formação de professores no século XXI e o que são, para ela, os principais recursos que devemos valorizar em favor dessa formação. Em seu texto, após caracterizar o profissional da educação nos termos atuais, ela destaca a importância da prática reflexiva, das novas tecnologias da educação e, sobretudo, dos valores humanos em uma cultura de paz.

Por fim, há um capítulo em que apresento elementos para uma discussão, na perspectiva da teoria de Piaget, sobre a importância da situação-problema como recurso didático, tanto em contextos de aprendizagem quanto de avaliação escolar, e principalmente como uma nova maneira de fundamentarmos a aprendizagem quando queremos valorizar o desenvolvimento de competências e a avaliação em uma visão mais formativa e construtiva.

Creio que os textos aqui apresentados refletem, segundo o modo de pensar de cada autor, uma contribuição importante para aquilo que está anunciado no título que enfeixa o livro. Sou grato a ARTMED por essa oportunidade de poder compartilhar, com os colegas suíços e brasileiros, o desafio de refletirmos sobre temas tão fundamentais quanto os que agora nos reuniram.

Lino de Macedo

Sumário

Apresentação v

1. A formação dos professores no século XXI 11
Philippe Perrenoud

2. Os desafios da avaliação no contexto dos ciclos
de aprendizagem plurianuais 35
Philippe Perrenoud

3. Da avaliação dos professores à avaliação
dos estabelecimentos escolares 61
Monica Gather Thurler

4. O desenvolvimento profissional dos professores:
novos paradigmas, novas práticas 89
Monica Gather Thurler

5. Situação-problema: forma e recurso de
avaliação, desenvolvimento de competências
e aprendizagem escolar 113
Lino de Macedo

6. Sobre a idéia de competência 137
Nílson José Machado

7. O Desenvolvimento de competências e
a participação pessoal na construção
de um novo modelo educacional 157
Cristina Dias Allessandrini

1

A Formação dos Professores no Século XXI

Philippe Perrenoud

O século XXI está apenas começando, mas por enquanto ele ainda tem a mesma cara do século passado. No curto prazo, as orientações que desejamos para a formação dos professores não diferem radicalmente daquelas que foram propostas há cinco anos. Quanto ao tipo de professores que devem ser formados para 2100, ou mesmo 2050, seria preciso ser adivinho para responder a essa questão. No futuro, a escola pode desaparecer e o ensino pode ser mencionado como uma daquelas profissões do passado, tão comoventes por terem caído no desuso. "Um professor tentava formar 25 alunos ao mesmo tempo, ou 40, ou ainda mais": isso será informado aos cibervisitantes de um cibermuseu da educação, enquanto assistem com emoção a um filme dos anos 1980, reconstruído em 3-D, sobre um professor que dá sua aula diante da lousa. Rirão diante das imagens do ano 2000, época em que os computadores precisavam de uma tela e de um teclado, 30 anos antes da implantação de um chip no cérebro de todos os recém-nascidos e 70 anos antes que uma mutação genética controlada colocasse em rede todos os espíritos da galáxia.

Podemos imaginar que em 2100 não haverá mais escola porque a humanidade terá finalmente conseguido destruir o planeta, ou estará sob o controle de extraterrestres que dispõem de recursos mais sofisticados para dominar atos e espíritos.

De forma menos dramática, podemos imaginar que os seres humanos, por meio da genética ou da informática, terão podido livrar-se da laboriosa aprendizagem que conhecemos nos dias de hoje e que as neurociências permitirão dominar a memória de maneira mais direta e menos aleatória.

Também podemos imaginar que encontraremos salas de aula um pouco mais bem-equipadas que as de hoje, porém as práticas continuarão baseando-se fundamentalmente na palavra e nas trocas entre um professor e um grupo de alunos, mesmo no caso de uma classe virtual, em que os alunos encontrem-se fisicamente dispersos por todos os cantos do planeta, cada um deles falando sua própria língua e compreendendo todos as outras graças a um chip de tradução simultânea... É possível que os intérpretes desapareçam antes que os professores, ou talvez ocorra o contrário. Ou talvez nada mude...

Agora, porém, vamos acabar com a ficção científica. Os romancistas dos anos 1950 não previram as tecnologias eletrônicas e as biotecnologias do ano 2000, nem sequer a Internet. Nossa capacidade de antecipação é limitada por aquilo que conhecemos e que extrapolamos timidamente, e, com certeza, o futuro reserva-nos surpresas que desafiarão nossa imaginação.

É mais útil e razoável utilizar o século XXI, que está começando, para (re)pensar as orientações que desejamos para a formação dos professores no curto prazo, digamos, para o horizonte de 2010. Não esqueçamos que esses professores estarão formados por volta de 2015 e formarão alunos que terão 20 anos em 2030-2035. Já é muito difícil prever como será o planeta nesse momento.

FINALIDADES DA ESCOLA E DA FORMAÇÃO DOS PROFESSORES

Não é possível formar professores sem fazer escolhas ideológicas. Conforme o modelo de sociedade e de ser humano que defendemos, não atribuiremos as mesmas finalidades à escola e, portanto, não definiremos da mesma maneira o papel dos professores.

Eventualmente, podemos formar químicos, contadores ou técnicos em informática abstraindo as finalidades das empresas que os contratarão. Podemos dizer, um pouco cinicamente, que um bom químico vai continuar sendo um bom químico tanto no caso de fabricar medicamentos ou drogas. Que um bom contador vai saber lavar dinheiro ou aumentar o capital de uma organização humanitária. Que um bom técnico em informática poderá servir tão eficazmente à máfia quanto à justiça.

As finalidades do sistema educacional e as competências dos professores não podem ser dissociadas tão facilmente. Não privilegiamos a mesma figura do professor se desejamos uma escola que desenvolva a autonomia ou o conformismo, a abertura ao mundo ou o nacionalismo, a tolerância ou o desprezo por outras culturas, o gosto pelo risco intelectual ou a busca de certezas, o espírito de pesquisa ou o dogmatismo, o senso de cooperação ou o de competição, a solidariedade ou o individualismo.

Edgar Morin propõe sete saberes fundamentais que a escola teria a missão de ensinar:

1. As cegueiras do conhecimento: o erro e a ilusão.
2. Os princípios de um conhecimento pertinente.
3. A condição humana.
4. A identidade terrestre.
5. O confronto com as incertezas.
6. A compreensão.
7. A ética do gênero humano.

Parece-nos que os professores capazes de ensinar esses saberes devem, além de aderir aos valores e à filosofia subjacentes, dispor da relação com o saber, da cultura, da pedagogia e da didática sem os quais esse belo programa continuaria sendo apenas letra morta. Quando esse tipo de proposta é apresentado no contexto da UNESCO, só podemos convidar os Estados a se inspirarem neles, embora saibamos que eles farão o que quiserem...

Infelizmente, há um abismo entre o idealismo de Morin – do qual compartilho – e o estado de nosso planeta e as relações de força, tanto em escala mundial quanto no âmbito de cada país. Por isso, ainda que frisemos o vínculo entre a política e as finalidades da educação, por um lado, e o papel e as competências dos professores, por outro, não nos parece útil ampliar a lista das características de uma escola ideal até chegar a um *no man's land*, onde a liberdade de expressão equivalha à ausência de poder.

O que será colocado em prática depende da luta política e dos recursos econômicos. Mesmo no caso de nos dirigirmos a uma sociedade planetária dominada por algumas grandes potências, as finalidades da educação continuam sendo uma questão nacional. O pensamento e as idéias podem atravessar fronteiras, mas os brasileiros é que definirão as finalidades da escola no Brasil e, conseqüentemente, formarão seus professores. A questão é saber se o farão de forma democrática ou se a educação continuará sendo, como na maioria dos países, um instrumento de reprodução das desigualdades e de sujeição das massas ao pensamento dominante.

Infelizmente, não temos motivos para sermos otimistas. Isso não nos impede de refletir sobre a formação ideal dos professores para uma escola ideal, porém não somos tão ingênuos a ponto de acreditar que simples idéias podem destruir as relações de força.

No entanto, elas podem ao menos alimentar o debate e esboçar alternativas. Recordemos algumas das principais contradições que estruturarão nosso futuro:

- Entre cidadania planetária e identidade local.
- Entre globalização econômica e fechamento político.
- Entre liberdades e desigualdades.
- Entre tecnologia e humanismo.
- Entre racionalidade e fanatismo.
- Entre individualismo e cultura de massa.
- Entre democracia e totalitarismo.

A esperança de dominar essas contradições ou, no mínimo, de não sofrer demais devido a elas leva-nos aos sete saberes de Morin. Consigo visualizar uma figura do professor ideal no duplo registro da cidadania e da construção de competências. Para desenvolver uma cidadania adaptada ao mundo contemporâneo, defendo o perfil de um professor que seja ao mesmo tempo:

1. pessoa confiável;
2. mediador intercultural;
3. mediador de uma comunidade educativa;
4. garantia da Lei;
5. organizador de uma vida democrática;
6. transmissor cultural;
7. intelectual.

No registro da construção de saberes e competências, citaria um professor que fosse:

1. organizador de uma pedagogia construtivista;
2. garantia do sentido dos saberes;
3. criador de situações de aprendizagem;
4. administrador da heterogeneidade;
5. regulador dos processos e percursos de formação.

Completaria essa lista com duas idéias que não têm a ver com competências, mas com posturas fundamentais: a prática reflexiva e a implicação crítica.

- A prática reflexiva porque, nas sociedades em transformação, a capacidade de inovar, negociar e regular a prática é decisiva. Ela passa por uma reflexão sobre a experiência, favorecendo a construção de novos saberes.
- A implicação crítica porque as sociedades precisam que os professores envolvam-se no debate político sobre a educação, na escala dos estabelecimentos escolares, das regiões e do país. Esse debate não se refere apenas aos desafios corporativos ou sindicais, mas também às finalidades e aos programas escolares, à democratização da cultura, à gestão do sistema educacional, ao lugar dos usuários, etc.

Não vou tratar desses pontos em detalhe, pois eles já foram abordados em outros textos (Perrenoud, 1999a, 2001a). Entretanto, gostaria de mencioná-los, já que é impossível refletir sobre as competências e a formação dos professores de um ponto de vista puramente técnico.

A concepção da escola e do papel dos professores não é unânime. As diferentes posições sobre a formação dos professores podem mascarar divergências mais fundamentais. Infelizmente, não podemos defender a hipótese de que todos os Estados desejam formar professores reflexivos e críticos, intelectuais e artesãos, profissionais e humanistas.

As teses que desenvolverei sobre os princípios básicos de uma formação dos professores não são ideologicamente neutras. Por dois motivos:

- Elas estão ligadas a uma visão da escola que visa a democratizar o acesso aos saberes, a desenvolver a autonomia dos sujeitos, seu senso crítico, suas competências de atores sociais, sua capacidade de construir e defender um determinado ponto de vista.
- Esses princípios passam pelo reconhecimento da autonomia e da responsabilidade profissionais dos professores, tanto individual quanto coletivamente.

Portanto, nada tenho a dizer àqueles que desejam professores elitistas ou executantes dóceis.

ORIENTAÇÕES BÁSICAS SOBRE A FORMAÇÃO DOS PROFESSORES

Defendi a idéia (Perrenoud, 1998d) de que "a qualidade de uma formação depende, sobretudo, de sua concepção". De qualquer forma, sempre é preferível que os professores cheguem na hora certa e que não haja goteiras na sala de aula, porém uma organização e uma infra-estrutura irrepreensíveis não compensam fatores como um plano e dispositivos de formação mal-concebidos.

Essa lista continua parecendo-me atual. Portanto, para utilizá-la, vou enxugá-la um pouco para me centrar de modo mais específico na formação dos professores, além de acrescentar um décimo critério:

1. Uma transposição didática baseada na análise das práticas e em suas transformações.
2. Um referencial de competências que identifique os saberes e as capacidades necessários.
3. Um plano de formação organizado em torno das competências.
4. Uma aprendizagem por problemas, um procedimento clínico.
5. Uma verdadeira articulação entre a teoria e a prática.
6. Uma organização modular e diferenciada.
7. Uma avaliação formativa baseada na análise do trabalho.
8. Tempos e dispositivos de integração e de mobilização das aquisições.
9. Uma parceria negociada com os profissionais.
10. Uma divisão dos saberes favorável à sua mobilização no trabalho.

Uma transposição didática baseada na análise das práticas e em suas transformações

Quando um jurista forma assistentes sociais, quando um médico forma fisioterapeutas, quando um técnico em informática forma policiais, não pretendem conhecer, a partir do interior, a profissão de seus alunos. Às vezes, eles se dão ao trabalho de se informar sobre ela e tentam conhecê-la melhor "para ver". Gostaríamos que os psicólogos, os lingüistas ou os sociólogos que intervêm na formação dos professores fizessem o mesmo. Nem sempre isso acontece, pois esses especialistas imaginam que sabem o que acontece em uma sala de aula, de tanto "ouvir dizer", porque lecionam na universidade ou porque seus saberes teóricos permitem que os processos de aprendizagem ou de interação sejam representados.

Quando os próprios formadores são antigos professores primários, secundaristas ou do colegial[*], imaginam de bom grado e com a consciência

---

[*]N. de R. Estes termos referem-se ao sistema educacional francês e abrangem o ensino fundamental e médio no sistema brasileiro.

tranqüila que "conhecem a profissão a partir de seu interior", porque a exerceram durante alguns anos ou porque visitam salas de aula regularmente para avaliar estagiários.

Nesse nível de especialização, vemos que a formação dos professores é, sem dúvida, uma das que menos levam em conta as observações empíricas metódicas sobre as práticas, sobre o trabalho real dos professores no dia-a-dia, em sua diversidade e ambiente atuais.

Isso se complica ainda mais pelo fato de que vários cursos de formação inicial estão baseados mais em uma visão prescritiva da profissão do que em uma análise precisa de sua realidade. Naturalmente, nada nos obriga a adaptar a formação inicial à realidade atual de uma profissão. A formação não tem nenhum motivo para abordar apenas a reprodução, pois deve antecipar as transformações. Logo, para fazer as práticas evoluírem, é importante descrever as condições e as limitações do trabalho real dos professores. Essa é a base de toda estratégia de inovação.

As reformas escolares fracassam, os novos programas não são aplicados, belas idéias como os métodos ativos, o construtivismo, a avaliação formativa ou a pedagogia diferenciada são pregadas, porém nunca praticadas. Por quê? Precisamente porque, na área da educação, não se mede o suficiente o desvio astronômico entre o que é prescrito e o que é viável nas condições efetivas do trabalho docente.

Idealmente, quando se elabora um plano de formação inicial, é preciso ter tempo para realizar uma verdadeira pesquisa sobre as práticas. A experiência mostra que o calendário político apertado das reformas obriga a deixar de lado essa etapa, se é que ela foi prevista em algum momento. Por isso, parece indispensável criar em cada sistema educacional um observatório das práticas e das profissões do ensino, cuja missão não seria pensar a formação dos professores, e sim oferecer uma imagem realista dos problemas que eles precisam resolver todos os dias, dos dilemas que enfrentam, das decisões que tomam, dos gestos profissionais que realizam.

Essa defasagem entre a realidade da profissão e o que se leva em conta na formação provoca inúmeras desilusões. Em diversos sistemas educacionais, há queixas de absenteísmo, de falta de educação e até mesmo da violência dos alunos, de sua rejeição ao trabalho, de sua resistência passiva ou ativa à cultura escolar. Em que programas de formação inicial a amplitude desses problemas é levada em consideração?

Também se sabe que a heterogeneidade dos públicos escolares e a dificuldade de instruí-los acentuam-se com os movimentos migratórios, as transformações familiares e os modos de produção, com a urbanização descontrolada, com as crises econômicas. Será que os planos de formação e os conteúdos preparam para tais realidades?

Outro exemplo: propus uma lista dos não-ditos da profissão de professor, entre os quais se incluem o medo, a sedução, o poder, o conflito, a improvisação, a solidão, o tédio, a rotina (Perrenoud, 1995, 1996a, 2000k). Essas questões praticamente não são tratadas na formação inicial.

Os alunos que querem tornar-se professores conservam a ilusão de que se deve apenas dominar os saberes para transmiti-los a crianças ávidas por se instruir. A resistência, a ambivalência, as estratégias de fuga e a astúcia dos alunos desconcertam os professores novatos, assim como o enfrentamento permanente com algumas classes ou a desorganização crônica de alguns estabelecimentos escolares.

Mesmo no âmbito dos saberes escolares, podemos supor que a formação apresenta uma imagem mutilada da realidade, o que muitas vezes provoca um impasse com relação às condições psicossociológicas de instauração e manutenção de uma relação com o saber e de um contrato didático que permita ensinar e estudar. O mesmo ocorre com as seqüências didáticas propostas e as atividades reais que se desenvolvem em sala de aula.

Por isso, é urgente criar as bases para uma transposição didática a partir das práticas efetivas de um grande número de professores, respeitando a diversidade de condições de exercício da profissão. Sem nos limitarmos a isso, encontraremos então a justa distância entre o que é feito cotidianamente e os conteúdos e objetivos da formação inicial.

Um referencial de competências que identifique os saberes e as capacidades necessários

Não é possível formar diretamente em práticas; a partir de um trabalho real, temos de identificar os conhecimentos e as competências necessários para fazer aprender nessas condições.

Tomemos alguns exemplos:

- Se os professores deparam-se com um grande número de classes agitadas, apaziguá-las deve ser uma de suas competências.
- Se os alunos resistem, não se esforçam, mobilizá-los e suscitar neles o desejo de aprender deve ser outra competência.
- Se os alunos ausentam-se e vivem uma vida dupla (alunos na escola e adultos fora dela), esse fato deve ser levado em consideração e essa deve ser mais uma competência dos professores.
- Se sua relação com o saber e com o mundo impede que, espontaneamente, dêem sentido aos saberes e ao trabalho escolar, ajudá-los a construir esse sentido também deve ser competência dos professores.

As competências para ensinar no século XXI   **19**

- Se os programas estão a anos-luz dos alunos, adaptá-los e aliviar seu peso também deve ser competência dos professores.

O reconhecimento de uma competência não passa apenas pela identificação de situações a serem controladas, de problemas a serem resolvidos, de decisões a serem tomadas, mas também pela explicitação dos saberes, das capacidades, dos esquemas de pensamento e das orientações éticas necessárias. Atualmente, define-se uma competência como a aptidão para enfrentar uma família de situações análogas, mobilizando de uma forma correta, rápida, pertinente e criativa, múltiplos recursos cognitivos: saberes, capacidades, microcompetências, informações, valores, atitudes, esquemas de percepção, de avaliação e de raciocínio.

Todos esses recursos não provêm da formação inicial e nem mesmo da contínua. Alguns deles são construídos ao longo da prática – os "saberes de experiência" – por meio da acumulação ou da formação de novos esquemas de ação que enriquecem ou modificam o que Bourdieu chama de *habitus*. Entretanto, a formação inicial deve desenvolver os recursos básicos, bem como treinar as pessoas para que possam utilizá-los (Perrenoud, 2001b).

Por falta de análise das competências e dos recursos que elas exigem, algumas formações iniciais de professores levam em consideração apenas uma pequena parte dos recursos necessários, limitando-se ao domínio dos saberes a serem ensinados e a alguns princípios pedagógicos e didáticos gerais. Está na hora de identificar o conjunto das competências e dos recursos das práticas profissionais e de escolher estrategicamente os que devem começar a ser construídos na formação inicial de profissionais reflexivos.

Não pretendo apresentar aqui uma lista elaborada em outras obras (Perrenoud, 1999a, 2000b, 2001d e e). Todo referencial é discutível, contextualizado, arbitrário e, caso seja institucional, produto de transações que diminuem sua coerência interna. O fundamental é que cada instituição de formação inicial realize esse trabalho.

Um plano de formação organizado em torno das competências

Não basta estabelecer um magnífico referencial para que a formação desenvolva competências. Tardif (1996) frisa a dificuldade de os programas de formação profissional se estruturarem em torno das competências, sobretudo quando os aportes disciplinares são profundos e numerosos, como acontece no ensino superior.

Em princípio, os programas de formação inicial são elaborados a partir dos objetivos finais. Na prática, não é isso o que acontece: o essencial é colocar em "algum lugar" os saberes considerados "incontornáveis" por este ou aquele *lobby*. Estamos longe de uma reflexão sobre os saberes que possa responder à seguinte pergunta: será que eles constituem recursos necessários ao trabalho de todos os professores?

Não significa que seja necessário proporcionar os aportes teóricos àquilo que pode ser mobilizado na ação mais cotidiana de um professor:

- Uma prática reflexiva passa por amplos saberes, para não se transformar em um circuito fechado dentro dos limites do bom senso.
- O envolvimento crítico dos professores com o sistema exige uma cultura histórica, econômica e sociológica muito superior àquela que deve ser dominada em uma sala de aula.
- Da mesma forma, a construção de uma identidade profissional e disciplinar requer a apropriação de saberes teóricos ou metodológicos extensos.

Não defendo uma visão estreitamente utilitarista dos saberes teóricos. Ao contrário, milito contra a acumulação de conteúdos, nos planos de formação, que só se justificam pela tradição, pela autoridade ou pela influência de um determinado grupo de pressão.

Gillet (1987) propõe-nos uma bela fórmula: dar às competências um direito de gerência sobre a formação. Em outros termos:

- Estipular as competências visadas pela formação profissional de forma ampla, levando em conta a prática reflexiva, o envolvimento crítico e a identidade.
- Identificar rigorosamente os recursos cognitivos e, por conseqüência, os aportes necessários.
- Não inserir nada nos programas que não se justifique com relação aos objetivos finais.
- Não se contentar mais com justificativas vagas, como "Isso não pode prejudicar", "Isso enriquece a cultura geral" ou "O curso sempre foi ministrado desse jeito".

Esse rigor é ainda mais importante na formação inicial dos professores, pois uma parte dos saberes envolvidos não são saberes para ensinar, mas para serem ensinados. Deparamo-nos aqui com uma dupla dificuldade, particularmente no ensino secundário:

1. Uma grande parte dos saberes disciplinares (matemática, história, biologia, etc.) é adquirida antes ou à margem da formação profissional, isto é, não se relaciona com a transposição didática nas classes primárias ou secundárias.
2. A maioria dos especialistas ainda pensa que um bom domínio dos saberes disciplinares dispensa saberes pedagógicos ou didáticos profundos, ou permite reduzi-los ao mínimo vital.

Por isso, vários programas de formação inicial limitam-se a criar um vínculo entre os saberes universitários e os programas escolares, o que não é inútil, porém ocupa um grande espaço no currículo, em detrimento de saberes didáticos, pedagógicos e sociológicos mais próximos das práticas.

Uma aprendizagem por problemas, um procedimento clínico

As faculdades de Medicina estão passando por uma revolução em diversos países. Tradicionalmente, nessa área, durante anos os estudantes acumulavam conhecimentos teóricos, sem qualquer ligação com casos clínicos, e depois passavam anos como médicos residentes em um hospital, com poucos aportes teóricos estruturados.

A aprendizagem por problemas induz a outro tipo de currículo totalmente diferente; desde o início, os estudantes são confrontados com casos clínicos: primeiramente, simples e no papel e, posteriormente, mais complexos e relativos a casos reais. Diante desses problemas, eles tomam consciência dos limites de seus recursos metodológicos e teóricos, e isso faz com que surjam as necessidades de formação. A partir daí, eles podem partir em busca de conceitos, teorias ou ferramentas para retomar o problema a ser resolvido com mais recursos. Nesse caso, os aportes teóricos e metodológicos passam a ser respostas, no sentido de John Dewey, o qual afirmava que seria ideal que toda aula fosse uma resposta.

Naturalmente, deve-se evitar um duplo obstáculo:

– aproveitar as demandas para propor um curso anual, exatamente igual ao do ano letivo clássico;
– evitar uma total fragmentação dos aportes e obter espaços-tempos propícios à construção ordenada de saberes que só podem ser adquiridos com relação a casos particulares.

Nas *business schools*, também se trabalha com casos por meio de simulações. Nas escolas técnicas, o trabalho é realizado por meio de projetos. É preciso adaptar a abordagem por problemas à natureza das profissões. A idéia básica continua sendo a mesma: confrontar o estudante com situações próximas daquelas que ele encontrará no trabalho e construir saberes a partir dessas situações, que ressaltam ao mesmo tempo a pertinência e a falta de alguns recursos.

A formação dos professores deveria ser orientada para uma aprendizagem por problemas para que os estudantes se confrontassem com a experiência da sala de aula e trabalhassem a partir de suas observações, surpresas, sucessos e fracassos, medos e alegrias, bem como de suas dificuldades para controlar os processos de aprendizagem e as dinâmicas de grupos ou os comportamentos de alguns alunos.

Também nesse ponto, seria importante encontrar um justo equilíbrio entre aportes teóricos estruturados, que antecipem os problemas, e aportes mais fragmentados, que correspondam a necessidades suscitadas pela experiência. Medem-se as incidências dessa opção sobre o currículo e sobre o papel e as competências dos formadores. Um curso aceitável não prepara *ipso facto* para construir problemas pertinentes e, menos ainda, para improvisar aportes teóricos e metodológicos em função das necessidades e demandas.

Talvez a noção de aprendizagem por problemas seja um pouco estreita para corresponder a diversas profissões. Seria melhor falar mais globalmente de um procedimento clínico de formação, que construísse a teoria, ao menos em parte, a partir de casos, sem se limitar necessariamente a "problemas". Um procedimento clínico organiza-se em torno de situações singulares, que servem para mobilizar aquisições prévias, diferenciá-las, contextualizá-las e construir novos saberes ou necessidades de formação.

Uma verdadeira articulação
entre a teoria e a prática

Em diversos domínios, inclusive o da formação dos professores, prevalece uma idéia que, a meu ver, deve ser combatida ativamente, pois compromete a construção de competências: a idéia de formação prática. Que se entende por isso? Em geral, esse termo designa o conjunto dos estágios e, eventualmente, trabalhos práticos, análises das práticas ou ensinos clínicos de campo.

O seguinte modelo é bastante simples e, sobretudo, muito cômodo:

- Os teóricos dão uma formação teórica, isto é, aulas e seminários clássicos, sem se preocupar muito com a referência à profissão.

- Os profissionais que acolhem e preparam estagiários para o trabalho de campo encarregam-se de iniciá-los nos "ossos do ofício".

No máximo, a formação teórica permitiria ser aprovado nos exames e obter o diploma, enquanto a formação prática daria as bases para a sobrevivência na profissão. É preciso combater essa dicotomia e afirmar que a formação é uma só, teórica e prática ao mesmo tempo, assim como reflexiva, crítica e criadora de identidade. Ela acontece em toda parte, nas aulas e nos seminários, em campo e nos dispositivos de formação que levam os diversos tipos de formadores a trabalharem juntos: acompanhamento de atuações profissionais, moderação de grupo de análise de práticas ou reflexão comum sobre problemas profissionais.

Não significa que se deva e que se possa fazer a mesma coisa em cada lugar, mas que todos os formadores:

- sintam-se igualmente responsáveis pela articulação teoria-prática e trabalhem por ela, cada um à sua maneira;
- tenham a sensação de contribuir para a construção dos mesmos saberes e competências.

Isto não acontece hoje em dia. Em parte, porque é mais simples que alguns desenvolvam saberes teóricos e metodológicos sem se perguntar muito se são pertinentes e podem ser mobilizados em campo, enquanto outros se iniciam na profissão sem perguntar se o que mostram ou pregam está de acordo com os saberes teóricos e metodológicos recebidos pelos estudantes.

Para acabar com esses hábitos, as instituições de formação devem criar parcerias mais amplas e eqüitativas com os estabelecimentos escolares e com os professores que acolhem os estagiários.

Além disso, deve-se aceitar a idéia de que uma alternância entre períodos de aula e de estágio é uma condição necessária, porém não suficiente, para uma verdadeira articulação entre a teoria e a prática.

Tal fato provavelmente suscitaria um questionamento da idéia de aulas e de estágios, que seriam substituídos por unidades de formação especificamente concebidas para articular teoria e prática em um domínio temático delimitado. Em Genebra, a formação dos professores está composta por um conjunto de módulos temáticos de 10 a 14 semanas. Em cada um deles, os estudantes alternam o campo e a universidade, sendo atendidos conjuntamente por uma equipe universitária e por sua própria rede de formadores de campo (Perrenoud, 1996b, 1998b).

Não se trata de privar os formadores de toda autonomia, transformá-los em auxiliares dóceis dos formadores universitários. Eles devem "encontrar seu espaço" nesse dispositivo, o que implica que:

- na medida do possível, devem ser associados à construção dos objetivos e dos procedimentos de formação;
- em uma parte de seu trabalho, eles devem ter toda a liberdade de transmitir o que lhes parece importante, ainda que isso possa variar de uma pessoa para a outra e não tenha nada a ver com o que a universidade exige que seja trabalhado com os estudantes.

Por analogia com os serviços de saúde, poderíamos dizer que os formadores de campo possuem:

- um papel próprio, ligado ao seu projeto pessoal de formação dos estagiários;
- um papel delegado, que corresponde à sua parcela na realização dos objetivos de formação do módulo com o qual colaboram.

A única exigência é que esses aportes sejam compatíveis entre si.

Uma organização modular e diferenciada

A maioria das formações universitárias e parte das formações profissionais estão ligadas ao sistema das unidades capitalizáveis ou "créditos". Infelizmente, receamos que hoje essa transformação seja vista apenas de uma perspectiva administrativa e até mesmo mercantilista. Alguns empresários da formação parecem sonhar em organizar o planeta de tal forma que os mesmos módulos sejam encontrados em toda parte, com os mesmos conteúdos, o mesmo formato temporal, para que toda formação possa ser construída como uma acumulação de unidades independentes oferecidas por todos os tipos de instituições e de formadores, ministradas no próprio local ou pelo ensino a distância. Dessa perspectiva bancária, basta saber somar os créditos obtidos. Se os pontos forem suficientes, emite-se um diploma. Também pode acontecer de os diplomas serem progressivamente substituídos por uma carteira especializada que especifique o conjunto das unidades de formação ministradas.

Tudo aconteceria, então, como os negócios realizados pela Internet: escolhemos e colocamos em uma sacola virtual tudo o que interessa. Após fazermos nossa compra, passamos pelo caixa, também virtual, e pagamos com nosso cartão de crédito.

As unidades capitalizáveis representaram um imenso avanço na formação de adultos. No entanto, se não tivermos cuidado, elas podem causar mais efeitos perversos do que vantagens nas formações de alto nível, nas quais seria absurdo pretender construir apenas uma competência por módulo. Cada módulo contribui com várias competências e cada competência depende de diversos módulos. Portanto, é fundamental que o plano de formação seja pensado de forma coerente, como um percurso construído, e não como uma acumulação de unidades de formação sem coluna dorsal.

Na sua origem, as unidades capitalizáveis deveriam facilitar a validação das aquisições e permitir percursos de formação individualizados. Elas também tinham o mérito de flexibilizar o curso, permitindo que os profissionais retornassem à universidade enquanto continuavam exercendo sua profissão, etc.

Atualmente, temos um duplo desafio:

- Conservar a coerência entre os percursos de formação, isto é, entre o encadeamento e a continuidade das unidades de formação, especialmente a partir da perspectiva da relação com o saber e da prática reflexiva.
- Conceber as unidades de formação como dispositivos complexos e profundos, que favoreçam o trabalho em equipe dos formadores e permitam a articulação interna entre teoria e prática.

Se as derivações gerenciais comprometerem essas exigências, a padronização das unidades de formação e a possibilidade de intercâmbio dos formadores interferirão na qualidade dos procedimentos e na coerência dos percursos.

Uma avaliação formativa baseada na análise do trabalho

As competências não podem ser construídas sem avaliação, porém esta não pode assumir a forma de testes com papel e lápis ou dos exames universitários clássicos.

A avaliação das competências deve ser formativa, passar por uma co-análise do trabalho dos estudantes e pela regulação de seus investimentos mais do que pelas notas ou classificações. Dessa forma, ela se aproxima das características de toda avaliação autêntica, tal como as descritas por Wiggins (1989).

Apresentarei aqui apenas as características que me parecem particularmente pertinentes na formação dos professores:

- A avaliação só inclui tarefas contextualizadas.
- A avaliação refere-se a problemas complexos.
- A avaliação deve contribuir para que os estudantes desenvolvam mais suas competências.
- A avaliação exige a utilização funcional de conhecimentos disciplinares.
- A tarefa e suas exigências devem ser conhecidas antes da situação de avaliação.
- A avaliação exige uma certa forma de colaboração entre pares.
- A correção leva em conta as estratégias cognitivas e metacognitivas utilizadas pelos alunos.
- A correção só considera erros importantes na ótica da construção das competências.
- A auto-avaliação faz parte da avaliação.

Nesse sentido, é importante que os formadores familiarizem-se com os modelos teóricos da avaliação formativa, da regulação das aprendizagens, do *feedback*, e também que desenvolvam suas próprias competências em matéria de observação e de análise do trabalho e das situações.

Tempos e dispositivos de integração e de mobilização das aquisições

A noção de integração pode ser entendida com um duplo sentido:

- Por um lado, ela designa o relacionamento entre diversos componentes da formação; pode ocorrer por meio de um trabalho "metateórico" e epistemológico, assim como por meio dos projetos que apelam a diversos tipos de conhecimentos e capacidades e obrigam a juntá-los.
- Por outro, ela evoca o processo de incorporação dos saberes e o treinamento em sua transferência e mobilização.

Em diversas formações de professores, ninguém se preocupa com essa dupla integração, ou então ela é atribuída magicamente aos estágios. No entanto, seria importante prever, nos planos de formação, tempos e dispositivos que visassem especificamente à integração e à mobilização das aquisições.

As competências para ensinar no século XXI **27**

Esse é o papel dos estágios e da prática de campo, mas não exclusivamente. Parece oportuno considerar, durante o curso, unidades de integração, segmentadas (por exemplo, um seminário de análise de práticas ou de acompanhamento de estágios longos) ou compactas, como duas ou três semanas destinadas a vincular as aquisições por meio de um trabalho sobre a identidade profissional, as competências, a relação com o saber, ou por meio de projetos que mobilizem recursos provenientes de diversos componentes do currículo.

Em Genebra, por exemplo, durante três semanas os estudantes realizam um projeto coletivo relativo à sua formação. Podem decidir elaborar um filme, apresentando-o e questionando-o.

Uma parceria negociada com os profissionais

Não é possível pretender uma transposição didática próxima das práticas, trabalhar a transferência e a integração, adotar um procedimento clínico, aprender por meio de problemas e articular teoria e prática sem construir uma forte parceria entre a instituição de formação dos professores e as atividades de campo. Esta deve ser levada em consideração pelo menos em três níveis:

- o sistema educacional que acolhe os estagiários;
- os estabelecimentos escolares;
- os professores, individualmente ou em grupo.

Nenhum desses níveis de parceria pode substituir os outros.

- No primeiro nível, é preciso negociar, com as autoridades escolares e as organizações sindicais, uma concepção da alternância e suas implicações (número e duração dos estágios e tempo de atividades de campo; modo de inserção, tarefas e responsabilidade dos estagiários; papel, formação e remuneração dos formadores de campo; papel das autoridades).
- No nível dos estabelecimentos escolares, o desafio é fazer com que cada instituição que lide com estagiários torne-se parceira da formação inicial, em seu conjunto, direção e corpo docente. Em contrapartida, é justo que os formadores contribuam com o projeto de estabelecimento ou com ações de formação dos professores em exercício.
- Finalmente, embora exista um contrato-padrão e uma política escolar, os formadores de campo devem decidir livremente se acolhem

estagiários e se devem associar-se à concepção e à regulação dos dispositivos de formação e de avaliação nos quais estão envolvidos.

Seria uma pena que acordos realizados nos mais altos níveis se transformassem em obrigações para os formadores de campo, *ad personam* ou porque o acolhimento aos estagiários faz parte do *job*. Esses acordos devem facilitar o envolvimento dos professores, valorizá-lo simbolicamente, retribui-lo financeiramente e dar um *status* claro aos formadores profissionais.

Uma divisão dos saberes favorável à sua mobilização no trabalho

Esse último ponto parece emergir claramente de uma reflexão sobre as competências como mobilização de saberes. Os trabalhos sobre a transferência de conhecimentos demonstram que a mobilização nunca é automática, que ela deve ser trabalhada como tal, transformada em um desafio de formação para concretizá-la na prática e na universidade.

Todavia, isto não é suficiente. Nem todos os saberes podem ser mobilizados da mesma maneira. Podem ser ensinados e avaliados sem se preocupar com sua mobilização em uma prática profissional ou facilitando-a deliberadamente.

Eu me limitarei a apresentar dois problemas que se referem ao plano de formação inicial em seu conjunto:

- a questão dos objetos e das unidades de formação multidisciplinares;
- a questão dos saberes procedimentais.

Uma das dificuldades da mobilização das aquisições refere-se à sua segmentação no currículo. Por isso, é importante construir unidades de formação que conjuguem diversas ciências sociais e humanas. Esses aportes plurais estão presentes no programa das didáticas das disciplinas de ensino, tais como língua materna, história, biologia, educação física, etc. Em torno de cada uma delas, não se deve reunir apenas especialistas no saber a ser ensinado e em sua transposição, mas também psicólogos, psicanalistas, sociólogos, historiadores e lingüistas. Muitas vezes, entre o projeto teórico da didática das disciplinas e sua encarnação na prática ainda há um abismo.

Por outro lado, é necessário que, além das abordagens didáticas, o curso de formação dos professores ofereça unidades de formação centradas

As competências para ensinar no século XXI **29**

nos enfoques transversais, os quais possuem essa denominação porque seu objeto:

- passa por todas as disciplinas de ensino, como a avaliação e a relação com o saber;
- não pertence a nenhuma delas, como as relações com os pais ou a gestão de classe.

É preciso acabar com as formações que misturam filosofia, pedagogia e psicologia em uma vaga reflexão sobre a "educação", e também com os aportes essencialmente disciplinares – cursos de psicologia cognitiva, história ou sociologia da educação –, para constituir objetos de saber e de formação transversais, coerentes e relativamente estáveis.
Eis alguns deles:

- Relações intersubjetivas e desejo de aprender.
- Relação com o saber, ofício de aluno, sentido do trabalho escolar.
- Gestão de classe, contrato pedagógico e didático, organização do tempo, do espaço, do trabalho.
- Diversidade das culturas na sala de aula e no estabelecimento escolar.
- Cidadania, socialização, regras de vida, ética, violência.
- Ofício de professor, trabalho em equipe, projetos de estabelecimento.
- Relação entre a escola e as famílias e coletividades locais.
- A escola na sociedade, a política da educação.
- Diferenças individuais e dificuldades de aprendizagem.
- Pedagogia diferenciada, ciclos de aprendizagem, módulos e outros dispositivos de individualização dos percursos.
- Regulação dos processos de aprendizagem, avaliação formativa.
- Ensino especializado, integração das crianças diferentes.
- Fracasso escolar, seleção, orientação, exclusão.
- Desenvolvimento e integração da pessoa.
- Enfoques multi, inter e transdisciplinares.

Esses objetos, os quais sem dúvida podemos dissociar de forma mais apurada ou reagrupar em unidades mais amplas, exigem que os formadores provenientes de varias ciências humanas e sociais trabalhem em equipe. Esses objetos complexos são construídos, não existindo como tais na realidade. Entretanto, eles se aproximam da complexidade das situações de trabalho dos professores, que dependem sempre, em diversas proporções, da didática aplicada, da psicologia cognitiva, da psicanálise, da psicologia social, da antropologia cultural e da sociologia.

O problema dos saberes procedimentais deveria ser colocado à luz dessas divisões. A formação universitária de professores permitiu uma ruptura com a normalização das práticas. Não se forma um profissional reflexivo impondo-lhe condições ortodoxas de dar aula (Perrenoud, 2001a). Isso não significa que ele tenha de lidar sozinho com o ônus de traduzir os saberes teóricos em procedimentos, métodos e dispositivos de ação. Entre a imposição de uma opinião pragmática e a rejeição a se rebaixar para propor procedimentos, a formação profissional dos professores ainda está em busca de seu caminho no contexto das universidades (Perrenoud, 2001f, g e h).

Atualmente, sabe-se que nenhuma prática complexa pode limitar-se a aplicar um determinado saber. O paradigma da prática reflexiva desenvolveu-se graças a Schön e Argyris e transformou-se em reação contra a idéia de que os saberes ensinados, teóricos ou metodológicos, eram suficientes para agir com eficácia.

Seria paradoxal que as profissões humanistas desenvolvessem as prescrições e que as profissões técnicas reconhecessem seus limites. Isso não quer dizer que é preciso renunciar, por prudência ou desejo de ser puro, a propor procedimentos, tanto a partir dos saberes acadêmicos quanto dos saberes de experiência e da base de conhecimento dos profissionais. Cada um deve servir-se deles com discernimento e adaptá-los à sua realidade.

CONCLUSÃO

Os três primeiros critérios de qualidade evocados levam-nos a reconsiderar a rede de transposição didática externa, a qual serve de base para o currículo de formação inicial (Perrenoud, 1998c).

- Transposição didática a partir de práticas.
- Práticas profissionais.
- Observação e descrição apurada das práticas.
- Identificação das competências e dos recursos.
- Estabelecimento dos objetivos e dos conteúdos da formação.

Os pontos seguintes entram mais no detalhe dos dispositivos de formação. Cada um dos pontos abordados mereceria um maior aprofundamento. No entanto, estes só têm sentido conservando um ponto de vista sistêmico.

Parece-me que os formadores e os responsáveis pela formação dos professores devem trabalhar em dois planos:

- De forma conjunta, na escala de um projeto de estabelecimento, para construir uma visão comum e sintética da formação dos professores, de seus objetivos e procedimentos.
- Em grupos de trabalho mais restritos para desenvolver dispositivos específicos coerentes com o plano conjunto.

Atualmente, as principais carências encontram-se no primeiro registro. Os formadores trabalham, refletem, formam-se, inovam, mas com freqüência cada um continua no seu canto. Deixam o desenvolvimento de uma visão conjunta nas mãos dos ministérios e da direção das instituições. A profissionalização dos formadores de professores também passa por sua constituição em comunidade de trabalho.

REFERÊNCIAS BIBLIOGRÁFICAS

GILLET, P. *Pour une pédagogique ou l'enseignant-praticien*. Paris: PUF, 1987.
MORIN, E. *Les sept savoirs nécessaires à l'éducation du future*. Paris: Seuil, 2000.
PAQUAY, L.; ALTET, M.; CHARLIER, É.; PERRENOUD, Ph. *Former des enseignants professionnels: quelles stratégies? quelles compétences?* 2.ed. Bruxelles: De Boeck, 1998. (Em português: *Formando professores profissionais: quais estratégias? quais competências?*. Porto Alegre: Artmed, 2001.)
PERRENOUD, Ph. *La formation des enseignants entre théorie et pratique*. Paris: L'Harmattan, 1994.
_____. *Práticas pedagógicas, profissão docente e formação: perspectivas sociológicas.* Lisboa: D. Quixote, 1994. (Pratiques pédagogiques, métier d'enseignant et formation : regards sociologiques, recueil de textes traduits en portugais, inédit comme tel en français.)
_____. Dix non dits ou la face cachée du métier d'enseignant. *Recherche et Formation*, n.20, p.107-124, 1995.
_____. *Enseigner: agir dans l'urgence, décider dans l'incertitude. Savoirs et competences dans un métier complexe*. 2.ed. Paris: ESF, 1999. (Em português: *Ensinar: agir na urgência, decidir na incerteza*. Porto Alegre: Artmed, 2001).
_____. Former les maîtres du premier degré à l'Université: le pari genevois. In: LAPIERRE, G. (dir.). *Qui forme les enseignants en France aujourd'hui?* Grenoble: Université Pierre Mendès France, Actes des Assises de l'A.R.C.U.F.E.F, 1996. p.75-100.
_____. *Construire des compétences dès l'école*. 3.ed. Paris: ESF, 2000. (Em português: *Construir as competências desde a escola*. Porto Alegre: Artmed, 1999).
_____. *Pédagogie différenciée: des intentions à l'action*. 2.ed. Paris: ESF, 2000. (Em português: *Pedagogia diferenciada: das intenções à ação*. Porto Alegre: Artmed, 2000).

_____ . La qualité d'une formation se joue d'abord dans sa conception. Contribution à la réflexion sur les programmes. *Pédagogie Collégiale,* Québec, v.11, n.3, mai; v.11, n.4, p.16-22, 1998a.

_____ . De l'alternance à l'articulation entre théories et pratiques dans la formation des enseignants. In: TARDIF, M.; LESSARD, C.; GAUTHIER, C. (dir.). *Formation des maîtres et contextes sociaux: perspectives internationales.* Paris: PUF, 1998b. p.153-199.

_____ . La transposition didactique à partir de pratiques: des savoirs aux competence. *Revue des Sciences de l'Éducation,* Montréal, v.24, n.3, p.487-514, 1998c.

_____ . Construir compêtencias é virar as costas aos saberes? *Pátio. Revista pedagógica,* Porto Alegre, n.11, p.15-19, nov. 1999.

_____ . De l'analyse de l'expérience au travail par situations-problèmes en formation dês enseignants. In: TRIQUET, E.; FABRE-COL, C. (dir.). *Recherche(s) et formation des enseignants.* Grenoble: IUFM, 1999. p.89-105.

_____ . *Dix nouvelles compétences pour enseigner. Invitation au voyage.* Paris: ESF, 1999a.

_____ . Formar professores em contextos sociais em mudança. Prática reflexiva e participação crítica. *Revista Brasileira de Educação,* n.12, p.5-21, 1999b.

_____ . *Pedagogia diferenciada.* Porto Alegre: Artmed, 2000.

_____ . D'une métaphore l'autre: transférer ou mobiliser ses connaissances? In: DOLZ, J.; OLLAGNIER, E. (dir.). *L'énigme de la compétence en éducation.* Bruxelles: De Boeck, Coll. Raisons Éducatives, 2000a. p.45-60.

Dez novas competências para ensinar. Porto Alegre: Artmed, 2000b.

_____ . *Dix nouvelles compétences pour un métier nouveau.* Université de Genève, Faculté de Psychologie et des Sciences de l'Éducation, 2001.

_____ . Évaluation formative et évaluation certificative, des postures définitivement contradictoires? *Formation Professionnelle Suisse,* n.4, p.25-28, 2001.

_____ . *Développer la pratique réflexive dans le métier d'enseignant. Professionnalisation et raison pédagogique.* Paris: ESF, 2001a.

_____ . Mobiliser ses acquis: où et quand cela s'apprend-il en formation initiale? De qui est-ce l'affaire? *Recherche et Formation,* n.35, p.9-22, 2001b.

_____ . Fondements de l'éducation scolaire: enjeux de socialisation et de formation. In: GOHIER, Ch.; LAURIN, S. (dir.). *Entre culture, compétence et contenu: la formation fondamentale, un espace à redefinir.* Montréal: Éditions Logiques, 2001c. p.55-84.

_____ . Dix nouvelles compétences pour un métier nouveau. In: LOBO, A.S.; FEYTOR-PINTO, P. (dir.). *Professores de português: quem somos? quem podemos ser?* Lisboa: Escola Superior de Educação de Lisboa, 2001d. p.47-54.

_____ . Dez novas competências para uma nova profissão. *Pátio. Revista Pedagógica,* Porto Alegre: Artmed, n.17, p.8-12, maio/jul. 2001e.

_____ . *Les sciences de l'éducation proposent-elles des savoirs mobilisables dans l'action?* Université de Genève, Faculté de Psychologie et des Sciences de l'Éducation, 2001f.

As competências para ensinar no século XXI **33**

_____ . *Vendre son âme au diable pour accéder à la vérité: le dilemme des sciences de l'éducation.* Université de Genève, Faculté de Psychologie et des Sciences de l'Éducation, 2001g.

_____ . *Former à l'action, est-ce possible?* Université de Genève, Faculté de Psychologie et des Sciences de l'Éducation, 2001h.

_____ . De la pratique réflexive au travail sur l'habitus. *Recherche et Formation*, sous presse, n.36, 2001i.

_____ . Articulation théorie-pratique et formation de praticiens réflexifs en alternance. In: LHEZ, P.; MILLET, D.; SÉGUIER, B. (dir.). *Alternance et complexité en formation*. Paris: Editions Seli Arslan, sous presse, 2001j.

TARDIF, J. Le transfert de compétences analysé à travers la formation de professionnels. In: MEIRIEU, Ph.; DEVELAY, M.: DURAND, C.; MARIANI, Y. (dir.). *Le concept de transfert de connaissances en formation initiale et en formation continue.* Lyon: CRDP, 1996. p.31-46.

WIGGINS, G. À true test: toward more authentic and equitable assessment. *Phi Delta Kappa*, v.70, p.703-714, 1989.

_____ . Teaching to the (authentic) test. *Educational Leadership*, v.46, n.7, p.41-47, 1989.

2

Os Desafios da Avaliação no Contexto dos Ciclos de Aprendizagem Plurianuais

Philippe Perrenoud

A idéia das escolas sem séries não é nova; ela tem estado presente na mente de diversos pedagogos do mundo, conscientes do absurdo de dividir as aprendizagens em etapas anuais. Sem dúvida, não é por acaso que os mesmos pedagogos:

- privilegiam o desenvolvimento global da pessoa, sua abertura para o mundo e seu juízo, considerados mais importantes que a acumulação de saberes;
- são sensíveis à diversidade das relações com o saber, das maneiras de aprender, dos ritmos de desenvolvimento e das trajetórias dos indivíduos.

As escolas sem séries foram desenvolvidas em escolas experimentais ou alternativas. Alguns sistemas educacionais, graças a reformas particulares, instauraram ciclos de aprendizagem plurianuais durante um certo período e depois retornaram às etapas anuais.

A novidade, hoje em dia, é que vários países optaram – ou estão optando – por ciclos plurianuais na escala do sistema educacional como um todo, inclusive no ensino médio. A partir daí, e em larga escala, surgiu um certo número de problemas. Eles estão ligados à elaboração de objetivos, programas, atividades didáticas, manuais e outros meios de ensino, à organização do trabalho, à formação de grupos de alunos, à divisão das tarefas entre professores e sua coordenação, ao monitoramento e acompanhamento das progressões dos alunos durante vários anos, à regulação das aprendizagens, à certificação das aquisições, à seleção e orientação inicial e ao lugar ocupado pelos pais.

Tudo isso forma um sistema e deve ser pensado como tal. A avaliação dos alunos não pode ser dissociada das opções relacionadas a outros parâmetros, mas é uma porta de entrada interessante para *analisar* a lógica de uma escolaridade organizada em ciclos plurianuais.

Simplificando, podemos dizer que as realizações ou os projetos ligados à idéia de ciclos de aprendizagem oscilam entre dois pólos extremos:

- no pólo mais conservador, não muda praticamente nada na organização do trabalho, nos programas, nas práticas de ensino e aprendizagem, nas progressões e na avaliação; fala-se de ciclos plurianuais, os textos oficiais utilizam esse termo, porém na prática são mantidas as mesmas categorias mentais, todos conservam suas classes e trabalham com um horizonte anual, os alunos são transmitidos para outra classe no final do ano; em alguns casos, pratica-se até mesmo a repetência no interior de um ciclo;
- no pólo mais inovador, os ciclos de aprendizagem são sinônimos de profundas mudanças na organização do currículo, do trabalho escolar e das práticas; trata-se de uma verdadeira inovação, a qual aterroriza uma parte dos professores e exige novas competências.

É nesse segundo pólo, naturalmente, que os problemas de avaliação são apresentados de uma nova forma. Antes de abordá-los, consideramos importante explicar qual é a concepção dos ciclos plurianuais, o que se espera deles, quais são as razões para instaurá-los e os obstáculos que professores e sistemas educacionais deverão enfrentar.

Assim, organizarei minha exposição em duas grandes partes:

1. Na primeira parte, defenderei *minha* concepção dos ciclos de aprendizagem plurianuais.
2. Na segunda parte, examinarei os problemas de avaliação tais como eles são colocados nesse contexto.

CICLOS DE APRENDIZAGEM PLURIANUAIS: POR QUÊ?

Por que diversos sistemas educacionais passam bastante rapidamente de uma estruturação do currículo em etapas anuais para uma estruturação em etapas de dois, três ou quatro anos, denominadas ciclos? Questionamo-nos se todos sabem responder a essa pergunta, pois, às vezes, as definições e argumentações são sumariamente pobres.

O significado do conceito de ciclo situa-se, conforme os sistemas e os interlocutores, entre dois extremos: para alguns, os ciclos não passam de ciclos de estudo nos quais se suprime a repetência de certos anos. O que é um ciclo de estudos? É uma série de etapas anuais com programas do mesmo tipo, com grades horárias e divisões disciplinares análogas, que exigem um mesmo *status* dos professores e, muitas vezes, são aplicados nos mesmos prédios. Na maioria dos países, distingue-se um ciclo "pré-escolar" de um a três ciclos primários (antes da primeira seleção), um ou diversos ciclos no final da etapa de escolaridade obrigatória e até mesmo ciclos pós-obrigatórios e universitários. Nesses currículos, a repetência de uma etapa anual é possível e inclusive maciça no interior de um mesmo ciclo de estudos.

Para transformar um ciclo de estudos em ciclo de aprendizagem, basta acrescentar uma cláusula: *proíbe-se a repetência no interior do ciclo, exceto em seu último ano*. Será que essa cláusula representa um progresso? Agindo-se dessa forma, diminui-se um pouco o atraso escolar, isto é, o desvio entre a idade que teoricamente corresponde a uma etapa do currículo e a idade real dos alunos. É difícil justificar – no final de um ciclo de três anos, por exemplo – um índice de repetência três vezes superior ao índice anual geralmente admitido em um currículo estruturado em etapas anuais. Em outros termos, a proibição parcial da repetência aumenta um pouco a fluidez das progressões:

- na medida em que a repetência é inútil, sua redução sempre representa um progresso;
- no entanto, se nada mais for feito, os desvios entre os alunos aumentarão, embora não sejam sancionados por um atraso escolar.

No *outro extremo*, encontramos uma concepção dos ciclos que rompe radicalmente com as etapas anuais e faz com que a noção de repetição perca sentido. Nesse caso, os alunos têm dois anos (ou três ou quatro, conforme a duração do ciclo) para alcançar *os objetivos de final de ciclo*. Nessa relação espaço-tempo, o monitoramento das progressões está nas mãos dos professores que, em princípio, trabalham em *equipe*.

Há várias décadas, alguns sistemas educacionais impunham aos professores planos de estudos muito detalhados, que estipulavam os conteúdos a serem ensinados mês a mês, até mesmo semana a semana: tais e quais verbos, noções, regras. Percebeu-se progressivamente que essa divisão induzia a uma pedagogia rígida e pouco favorável aos objetivos de alto nível, a uma abordagem construtivista da aprendizagem e a uma concepção em espiral dos programas.

Portanto, passamos a confiar nos professores, de forma gradual, impondo-lhes apenas programas *anuais*, que os deixam livres para organizar à vontade a progressão rumo aos objetivos de final de ano. Somente os pais que conheceram o sistema antigo ainda se surpreendem com o fato de que, em duas classes do mesmo nível, os alunos não estudam os mesmos conteúdos todas as semanas.

A concepção mais ambiciosa dos ciclos de aprendizagem *estende essa autonomia profissional a etapas plurianuais*, o que suscita as mesmas inquietudes. Duvida-se, há 50 anos, que os professores tivessem a capacidade de planejar sozinhos um ano letivo inteiro. Parecia muito arriscado outorgar-lhes tanta autonomia assim. Atualmente, surgem as mesmas dúvidas para se contrapor a etapas compostas por vários anos.

Ainda é preciso provar que os professores, preferentemente em equipe, são capazes de planejar e monitorar as aprendizagens de diversos anos. Esse fato relaciona-se com a avaliação, imaginamos, mas também suscita problemas inéditos de organização do trabalho escolar, de cooperação profissional e de divisão do trabalho, de elaboração do currículo e de formulação dos objetivos de fim de ciclo.

Antes de nos referirmos às *implicações*, que não são pouco importantes, detenhamo-nos um pouco nos motivos dessa mudança. Eles devem ser precisos e fortes para justificar aquilo que, para vários professores, é vivenciado como uma mudança de suas práticas, quase uma nova profissão, com novas competências e angústias.

ALGUNS MOTIVOS PARA
INTRODUZIR CICLOS PLURIANUAIS

O Grupo de Monitoramento da Renovação do Ensino Primário de Genebra propôs cinco motivos para introduzir ciclos de aprendizagem plurianuais:

1. Etapas mais compatíveis com as unidades de progressão das aprendizagens.

2. Planejamento flexível das progressões, diversificação dos percursos.
3. Maior flexibilidade quanto ao atendimento diferenciado dos alunos, em diversos tipos de grupos e dispositivos didáticos.
4. Maior continuidade e coerência durante vários anos, sob a responsabilidade de uma equipe.
5. Objetivos de aprendizagem relativos a vários anos, constituindo referenciais essenciais para todos e orientando o trabalho docente.

Retomemos mais detalhadamente esses cinco argumentos.

Etapas compatíveis com objetivos de alto nível

A evolução dos programas, durante a segunda metade do século XX, destacou os objetivos denominados "de alto nível taxonômico". Evoca-se assim a taxonomia de Bloom, que mostrava que, entre "saber as datas de certas batalhas" e "saber refletir de forma autônoma", a escola perseguia objetivos bastante diferentes. Praticamente todo mundo concorda hoje em dia que os objetivos de alto nível são os desafios de formação mais importantes e que fazem parte de um *desenvolvimento duradouro* da pessoa. Se "aprender a aprender" e "saber documentar-se e informar-se" figuram entre os objetivos de alto nível, todos os que atingirem esses objetivos supostamente saberão, em caso de necessidade, a data de algumas batalhas. Por outro lado, o aluno que, milagrosamente, após 10 ou 20 anos, ainda lembrar uma série de datas, não melhorará seu nível de reflexão por esse motivo.

Nas orientações curriculares atuais, a ruptura com o enciclopedismo e com a memorização de fatos e regras levou às *competências*. Nesse caso, considera-se que os saberes são *recursos* para compreender, julgar, antecipar, decidir e agir com discernimento.

Mesmo que houvesse um grande consenso sobre essas orientações – o que não é o caso! –, nós nos depararíamos com uma dificuldade maior: é mais fácil ensinar saberes que ensinar a construir competências. Também é mais fácil ensinar e avaliar saberes de baixo nível (memorização) que os de alto nível (raciocínio).

A proximidade dos prazos de avaliação não é o único fator, porém ele pesa de maneira considerável nas práticas docentes. Em um ano – ou seja, com um máximo de 1.200 horas de presença na sala de aula – pode-se assimilar dados, regras e noções particulares. Ao contrário, não é possível construir, no mesmo período, uma cultura científica ou histórica, não se aprende a ler, produzir textos, raciocinar, argumentar, antecipar, debater, imaginar ou comunicar em alguns meses. Os programas modernos levam tudo isso em consideração, acentuando a *continuidade* das aprendizagens e seu caráter de *espiral*: a maioria das aprendizagens mais importantes aparece diversas vezes no currículo, em níveis crescentes de complexidade e abstração.

Essa continuidade entra em conflito com a "divisão vertical do trabalho pedagógico": cada professor – exceto nas zonas rurais – recebe os alunos por um ano e deve realizar um avanço significativo das aprendizagens na(s) disciplina(s) sob sua responsabilidade. Ora, é mais fácil e tranqüilizador fazer a lista das noções introduzidas e dos capítulos percorridos no "texto do saber" em um ano que dizer vagamente "Os alunos progrediram em sua capacidade de argumentação ou de cooperação".

As regras, as noções, os conhecimentos bem-delimitados (este ou aquele teorema, século, país, obra) evidenciam aquilo que Paulo Freire chamava de "pedagogia bancária": semana a semana, o aluno – o bom aluno! – adquire conhecimentos e deposita-os "em sua conta", como um esquilo acumula avelãs. Isso tranqüiliza pais, alunos e professores, de acordo com a máxima: "O que foi feito, foi feito". Assinalamos um xis ao lado dos elementos cobertos pelo programa, assim como riscamos os itens de uma lista de compras.

Será possível acabar alguma vez de aprender e ensinar a ler, a imaginar, a raciocinar? E como comprovar uma progressão real se é tão difícil identificar os sucessivos níveis de domínio?

Os ciclos plurianuais não acabam com a necessidade pedagógica e didática de avaliar as progressões, porém dispensam de dar conta delas no final de cada ano letivo apenas para justificar que "o trabalho foi feito" e parecer "irrepreensível" diante dos colegas que receberão os alunos no próximo ano. Todos os professores sabem muito bem que aqueles que os julgam mais severamente são seus colegas situados no nível seguinte, os quais recebem seus alunos e sempre suspeitam que os responsáveis pelos cursos anteriores não fizeram "tudo o que era necessário". Por outro lado, foi possível demonstrar que, quando o currículo está estruturado em etapas anuais, mas quando os professores acompanham os mesmos alunos durante mais de um ano (o que, *ipso facto*, constitui um ciclo!), a repetência *desaparece*, o que prova que isso não passa de uma forma de não enviar para um colega alunos pelos quais podem ser repreendidos por eles não terem alcançado o nível requerido.

Os ciclos de aprendizagem não acabam com essa problemática, pois no final de um ciclo de dois, três ou quatro anos os alunos devem passar para o seguinte e demonstrar aos professores que irão recebê-los que possuem as aquisições necessárias. No *interior do ciclo*, porém, os professores poderão organizar-se à vontade para gerenciar as progressões, sem precisar dar conta delas no final de cada ano. Naturalmente, pode acontecer que, para manter sua autonomia, eles optem por restaurar, a título informal, uma divisão vertical do trabalho bastante tradicional, em que cada um deles assume os alunos por um ano. Nesse caso, o ciclo perde uma parte das suas virtudes de longo prazo.

Em três ou quatro anos – e mesmo em dois –, observam-se desenvolvimentos significativos nos diversos domínios que correspondem aos saberes de alto nível e às competências. Portanto, não se trata de postergar indefinidamente o momento do balanço, mas de "dar tempo ao tempo", de permitir que haja um desenvolvimento significativo nos domínios em que nada pode ser feito com urgência nem com a segmentação em etapas curtas.

Individualização dos percursos de formação

O período de três ou quatro anos também é o tempo necessário para que a individualização dos percursos seja compatível com o mandato de fazer com que todos os alunos dominem os objetivos de final de ciclo.

No ensino secundário, os percursos de formação são individualizados a partir do momento em que os alunos orientam-se para cursos específicos, ou combinam níveis e opções de diversas disciplinas. Os ciclos de aprendizagem plurianuais visam a uma individualização muito mais ambiciosa, pois ela não se refere aos projetos de formação nem às aquisições visadas, mas apenas aos encaminhamentos que levam a essas aquisições. Costumamos dizer que "todos os caminhos levam a Roma". Isso é o que vemos aqui: todos os alunos vão a Roma, mas não necessariamente com o mesmo passo nem pelos mesmos caminhos.

Acabemos agora com um possível mal-entendido: não estamos falando aqui da individualização do ensino, e sim dos *percursos de formação*, ou seja, de experiências formadoras presentes nos mesmos. Quando as pessoas pegam o metrô, raramente estão sozinhas, mas cada uma delas segue seu próprio itinerário. Elas encontram outros passageiros, percorrem um trecho do caminho com eles e depois se separam, porque suas rotas são diferentes. Portanto, não se trata de transformar a escola em uma série de "aulas particulares", nem de colocar cada aluno diante de uma tela. O caminho é que é individualizado, não a relação pedagógica.

Como individualizar? A maneira mais evidente e menos interessante é permitir que alguns alunos percorram um ciclo de aprendizagem de três anos em quatro, enquanto outros levam apenas dois. Todos partem ao mesmo tempo. Como alguns correm mais rapidamente, chegam antes ao objetivo, enquanto os mais lentos alcançam o objetivo bem depois da maioria.

Essa medida não é viável. É impossível prolongar sistematicamente cada ciclo em um ano para os alunos mais lentos, ou reduzi-lo de forma sistemática em um ano para os rápidos, pois obteríamos como resultado desvios de idade de três ou quatro anos no final do ensino obrigatório, o que é humana e economicamente indefensável. Além disso, os estudos sobre o atraso escolar mostram que o simples prolongamento da escolaridade não produz nenhum tipo de efeito e nunca restabelece a igualdade das aquisições. Acrescentemos a isso que, em nossa sociedade, as mesmas aquisições não têm o mesmo valor quando se tem 12 ou 16 anos!

Defendo a idéia de que a individualização dos percursos só se torna interessante se deixamos de lado o número de anos e nos centramos nos "tratamentos pedagógicos", no modo e na intensidade do atendimento pedagógico e didático dos alunos. Dessa perspectiva, *não se pode dissociar a individualização dos percursos da pedagogia diferenciada*. Voltarei mais tarde a essa questão.

Precisamos encontrar uma forma de individualizar os trajetos sem renunciar a fazer com que resultem nas mesmas aquisições, no mesmo número de anos. Em diversos cursos técnicos, pode-se *acelerar* a maioria dos processos por meio de diversos recursos: mais força de trabalho, melhor tecnologia, um tratamento mais intensivo, um acompanhamento mais rigoroso, menos tempo perdido e desperdiçado. Os alunos não podem ser tratados como produtos industriais e os processos de aprendizagem não podem ser acelerados mais do que o razoável. Logo, esse é um problema muito difícil, e sua solução remete tanto à organização do trabalho quanto às teorias de aprendizagem e de investimento.

Os ciclos plurianuais não pretendem resolvê-lo, porém distanciam os prazos, o que permite considerar a diversificação dos percursos e o atendimento aos alunos. Com efeito, em um ano escolar, a possível diversificação dos percursos de formação é muito limitada: quando é iniciada, já está na hora de fazer os percursos convergirem para os objetivos de fim de ano. O professor é como um pastor que renuncia a dispersar seu rebanho porque sabe que logo terá de reuni-lo de novo. De certa maneira, "isso não vale a pena", os resultados esperados não justificam o trabalho exigido e os riscos que se corre. Portanto, "permanecemos todos juntos".

Os ciclos de dois anos e, melhor ainda, os de três ou quatro permitem levar em conta a diversificação dos percursos sem ter de se preocupar imediatamente com sua convergência para os objetivos comuns. Contudo, não devemos imaginar que em um ciclo de quatro anos só devamos preocuparnos com essa convergência para os objetivos nos três últimos meses do quarto ano. A individualização dos percursos, com esses objetivos, é por definição um campo de tensão e um desafio importante para a escola.

Multiplicidade e flexibilidade
dos dispositivos de diferenciação

A terceira razão de optar por ciclos plurianuais é que eles tornam possível aplicar dispositivos de diferenciação mais ambiciosos. A diferenciação é entendida aqui em um sentido bem preciso: colocar cada aluno, sempre que possível, em uma situação de aprendizagem ótima. Uma situação ótima é, ao mesmo tempo, portadora de sentido, estimulante e deve estar ao alcance do aprendiz.

Em grande medida, o fracasso escolar nasce daquilo que Bourdieu chama de "indiferença às diferenças". A escola trata todos os alunos como iguais em direitos e deveres, embora apresentem grandes desigualdades no que se refere a um ensino padrão. Alguns já sabem ler quando chegam à escola, outros não têm nem idéia do que se trata e precisarão pelo menos de três anos para aprender. No entanto, isso não impede que o sistema educacional estipule os mesmos objetivos. A repetência é um corretivo rudimentar e pouco eficaz. O apoio pedagógico é um dispositivo um pouco mais convincente, mas só intervém depois que as dificuldades de aprendizagem tornaram-se manifestas e apela a participantes externos, professores de apoio ou psicopedagogos especializados em ajudar alunos em dificuldades, que se ocupam deles. A pedagogia diferenciada assume seu verdadeiro sentido quando se instala na sala de aula, no dia-a-dia, e é adotada por todos os professores.

Ela não é impossível no contexto de um ano escolar, desde que se tenha uma grande criatividade pedagógica e didática. Entretanto, é mais fácil organizar grupos de necessidades, de níveis, de projetos, de apoio e diversos módulos no contexto de uma equipe pedagógica encarregada de um conjunto de alunos com idades diferentes. Imaginemos uma equipe de 4 professores coletivamente responsáveis por cerca de 100 alunos de 8 a 12 anos. Eles podem lidar com competências diversas em 4 espaços de trabalho, o que ajuda a criar dispositivos variados, atender às desigualdades entre os alunos, alternar grupos homogêneos e heterogêneos.

Não podemos negar, porém, que tal tarefa exige que os professores adquiram novas competências de organização do trabalho, de gestão dos espaços-tempos e dos grupos, com ferramentas adequadas de monitoramento e avaliação. Portanto, as virtudes de um ciclo de aprendizagem plurianual só se manifestarão quando uma equipe pedagógica dominar a complexidade do sistema e as dificuldades da cooperação profissional.

Um sistema que tiver superado a etapa do ativismo e das tentativas múltiplas encontrará um ponto de equilíbrio entre a autonomia de cada um e a cooperação, bem como entre a instalação duradoura dos alunos em um grupo estável e a redistribuição frenética de todos os alunos entre vários dispositivos.

Após alcançar um funcionamento econômico, haverá diferenciação na distribuição dos alunos em diversos grupos, nas atividades propostas em cada um, na regulação interativa individualizada no interior de uma atividade e de uma situação didática. Retornaremos a esse ponto quando nos referirmos à avaliação.

Continuidade e coerência durante vários anos

A divisão vertical do trabalho obriga os alunos, sobretudo os das cidades, a se adaptarem todos os anos a novos professores, que têm outras maneiras de exercer a profissão, outras exigências e outra concepção da aprendizagem e do ofício de aluno.

Sem dúvida, uma certa diversidade no currículo pode ser benéfica para os alunos que não apresentam dificuldades de aprendizagem, porém causa muitos efeitos perversos entre aqueles que penam para entender o que a escola espera deles e quais são as regras do jogo. Estes quase não conseguem compreender que estão sendo convidados a mudar de jogo e a adotar outras atitudes e táticas. Com um determinado professor, podem fazer todas as perguntas que lhes passam pela cabeça, enquanto outro os recrimina se fazem isso; um valoriza a cooperação e a partilha dos recursos, enquanto outro prioriza a concorrência e o segredo; um atribui extrema importância às lições de casa, enquanto outro as considera inúteis; um tem normas muito precisas para tudo, enquanto outro adota uma atitude mais tolerante com as diferenças; um trata seus alunos como iguais, enquanto outro cria uma forte assimetria; um cria um clima caloroso e confiante, enquanto outro instaura um clima de terror e suspeita. Sem falar das divergências quanto aos conteúdos, aos métodos, ao contrato didático, à forma de avaliar e às relações com os pais.

Como agir diante desse caleidoscópio? Tudo fica ainda mais difícil quando essas diferenças são negadas ou minimizadas pela instituição, enquanto os alunos e seus pais experimentam essa experiência, por vezes dolorosa, cotidianamente. Se um ciclo de aprendizagem for confiado a uma verdadeira equipe, essas descontinuidades e incoerências certamente diminuirão; os alunos deverão passar alguns anos com regras do jogo e estilos pedagógicos um pouco estáveis, utilizando sua energia para aprender, em vez de usá-la para se adaptar às particularidades dos professores.

As competências para ensinar no século XXI **45**

Por outro lado, o trabalho em equipe obriga a todos a explicitar e negociar sua representação dos objetivos de final de ciclo, o que atenua as diferenças relativas às concepções das finalidades da instrução, as quais divergem muito, apesar dos programas.

REFERENCIAIS E BÚSSOLAS

A referência aos mesmos objetivos durante vários anos permite o surgimento de um "ensino estratégico", no sentido utilizado por Tardif, uma distinção mais clara dos objetivos, conteúdos e dispositivos. Passa-se de uma cultura profissional do implícito ("Eu me compreendo") e do oral a uma cultura do explícito, da discussão e da negociação de um acordo sempre que há pontos de divergência.

Assim, os alunos e seus pais têm uma oportunidade melhor para perceber os desafios essenciais e para se mobilizar com relação àquilo que vale a pena. Naturalmente, isso depende de que a escola e os professores realizem um esforço considerável de comunicação no momento em que os ciclos são instalados e logo após.

OBSTÁCULOS E DILEMAS

Devemos frisar que a ambiciosa concepção dos ciclos depara-se com uma série de obstáculos e dilemas. Quase todos eles suscitam debates e, por vezes, polêmicas. Cada um desses obstáculos ou dilemas incide na avaliação. Eis alguns deles, os quais me parecem mais cruciais:

1. A questão dos objetivos de final de ciclo.
2. A questão dos pontos de referência durante o ciclo.
3. A questão do tempo.
4. A questão da autonomia das equipes.
5. A questão do trabalho em equipe.
6. A questão dos grupos de alunos.
7. A questão das competências profissionais.
8. A questão da avaliação.

Não é possível detalhá-los. Por isso, irei limitar-me a apresentar rapidamente o problema e a esboçar seu vínculo com a avaliação.

A questão dos objetivos de final de ciclo

Para os sistemas educacionais, os ciclos representam a oportunidade de *finalmente* passar, de modo *irreversível*, de uma lógica de *programa* (aquilo que se espera que os professores ensinem) a uma lógica de *objetivos* (o que se espera que os alunos tenham aprendido e saibam no final do curso).

Caso os objetivos de final de ciclo tenham sido bem-concebidos, não será preciso traduzi-los em um programa. Alguns objetivos referem-se a conteúdos de saber, mas não se prescreve a ordem de sua aquisição. Outros são trabalhados por meio de conteúdos diversos, que não precisam ser padronizados.

Se não se consegue encerrar um determinado programa, seria ainda pior concebê-lo como a junção ou a adição de três programas anuais.

Para realizar a ruptura, os objetivos de final de ciclo não podem continuar a se reduzir a finalidades vagas; eles devem descrever com precisão as aprendizagens e o nível de domínio visados, mas sem se fragmentar excessivamente. Hoje se fala de objetivos-núcleos, de bases de competências, porém esses conceitos ainda não se estabilizaram.

Uma parte da credibilidade dos objetivos de final de ciclo refere-se às ferramentas de avaliação das progressões individuais e à elaboração de um balanço final e de balanços intermediários.

A questão dos pontos de referência durante o ciclo

O fato de termos objetivos não nos obriga a retornar à "pedagogia por objetivos", versão simplificada e ilusória do *mastery learning* de Bloom. Em um ciclo, não se trata de trabalhar cada objetivo de forma sucessiva. Inclusive no caso de adotar uma organização modular, o mesmo objetivo será retomado em diversos níveis. Os objetivos devem ser concebidos como linhas paralelas ou entrecruzadas, presentes nas progressões durante o ciclo.

Quais são as etapas intermediárias? Os sistemas educacionais podem colocar à disposição "balizas", isto é, objetivos intermediários e outros pontos de referência que permitam planejar as aprendizagens e monitorar as progressões todos os meses ou anos. Eles podem e devem propor ferramentas de monitoramento, que também serão ferramentas de avaliação. Por isso, é importante que não se introduzam objetivos de final de ano tão limitadores quanto em um currículo estruturado em anos de programa.

A questão do tempo

Essa questão já deve ter sido esboçada e encarada claramente no momento em que os ciclos plurianuais são aplicados, pois tanto seu funcionamento pedagógico quanto os procedimentos de avaliação podem ser muito diferentes e mesmo contraditórios se todos os alunos passam o mesmo número de anos em um ciclo ou se, pelo contrário, os mais rápidos são autorizados a pular um ano, e os mais lentos a levar um ano mais. Vemos imediatamente que, se o prazo da passagem for individualizado, a avaliação será objeto de muitas pressões para justificar uma diminuição ou um prolongamento da duração padronizada. No caso oposto, ela terá de enfrentar outro desafio: basear as decisões estratégicas nos encaminhamentos mais fecundos a serem propostos aos diversos alunos para otimizar, em cada caso, o uso do tempo que resta até o final do ciclo.

A questão da autonomia das equipes

Sem dúvida, é preciso definir a longitude dos ciclos e seus objetivos, bem como lidar com a questão do prazo de passagem em um determinado ciclo e com a extensão mínima da cooperação profissional e da responsabilidade coletiva dos professores. Quanto aos demais aspectos, as equipes pedagógicas devem ter liberdade para organizar o trabalho durante o ciclo, assim como, progressivamente, aprendemos a confiar nos professores ao longo da estruturação das tarefas e progressões durante o ano letivo.

Essa autonomia deve abranger também as ferramentas de avaliação e de comunicação com os pais; o sistema educacional deve estipular um programa mínimo a ser cumprido, em vez de um boletim padronizado. Podemos imaginar as controvérsias sobre essa questão...

A questão dos grupos de alunos e da divisão do trabalho entre os professores faz parte dessa autonomia, desde que ela não autorize o retorno sub-reptício às práticas de outrora: cada um com seu ano, com seus alunos e com o mínimo possível de cooperação!

A questão do trabalho em equipe

Um ciclo de três ou quatro anos deixa de ser interessante se os professores participantes pretenderem ser "o único comandante a bordo com seus alunos". Entre o retorno ao individualismo e a fusão, qual é o ponto de equilíbrio? Qual deve ser a autonomia de cada um com relação à equi-

48   Perrenoud, Thurler, Macedo, Machado e Allessandrini

pe, em matéria de contrato e de procedimentos didáticos, de relação pedagógica, de exigências e de métodos de avaliação?

A questão dos grupos de alunos

Essa é a questão mais difícil e apresenta um duplo aspecto:

- em que tipo de agrupamento se deve apostar em termos de funções, do número, da composição e da duração?
- como gerenciar de forma razoável a divisão dos alunos para otimizar as situações de aprendizagem para cada um deles?

A avaliação formativa intervém em todos os contextos a título de regulação interativa; porém, em suas variantes pró-ativa e retroativa, ela desempenha um papel fundamental na divisão dos alunos nos grupos e nas atividades paralelas.

A questão das competências profissionais

Organizar o trabalho e monitorar as progressões durante vários anos, cooperar, gerenciar os dispositivos de diferenciação e os percursos individualizados, praticar uma avaliação criteriosa com relação a objetivos e regular os processos de aprendizagem: todas essas competências ainda não estão totalmente asseguradas hoje na formação inicial dos professores. Portanto, ela tem de evoluir e é preciso aplicar formações contínuas junto com os ciclos plurianuais.

A questão da avaliação

Em uma abordagem sistêmica, ela poderia ser tratada no contexto dos problemas precedentes, sem ser considerada um objeto à parte. Entretanto, não me parece inútil aplicar um *zoom* nos problemas de avaliação que nascem ou se acentuam devido à criação de ciclos de aprendizagem.

A AVALIAÇÃO NOS CICLOS DE APRENDIZAGEM

Os professores que teriam integrado totalmente as idéias de objetivos de domínio, de pedagogia diferenciada e de avaliação formativa, em princípio, só precisariam continuar por esse mesmo caminho em um ciclo plurianual, em escala mais ampla e de forma cooperativa. Por outro lado, em geral, esses professores não esperam as reformas de estruturas para abrir suas classes e garantir o acompanhamento colegial dos alunos durante vários anos.

Infelizmente, em vários sistemas educacionais contemporâneos, os ciclos plurianuais não estão no andar superior de um edifício que já compreende, nos andares inferiores, a pedagogia diferenciada, o construtivismo, a cooperação, a abordagem por competências, a referência a objetivos de alto nível, didáticas profundas e avaliação formativa. Ora, para funcionar e, sobretudo, para constituir um progresso real, os ciclos exigem sinergia entre esses ingredientes. Este é o principal desafio: perceber que os ciclos plurianuais representam um enorme passo à frente em todos os registros da ação pedagógica e didática, individual e coletiva!

A questão das estratégias de mudança não está no cerne de meu propósito. Porém, para não esquecê-la, basta listar as inovações em matéria de avaliação que supostamente devem preceder ou acompanhar a criação de ciclos de aprendizagem plurianuais.

A AVALIAÇÃO CERTIFICATIVA

O conceito de avaliação certificativa não está padronizado. Às vezes, fala-se de uma avaliação feita na intenção de terceiros, que certifica as aquisições de alunos correspondentes ao currículo. Outras vezes, qualquer tipo de balanço intermediário é chamado de "certificativo", pois a palavra está na moda e parece séria.

Nos sistemas educacionais integrados, o mais rigoroso seria considerar que a certificação, no sentido pleno da palavra, é realizada no momento em que o aluno sai da escola para entrar no mercado de trabalho. Nesse caso, ele é portador de um certificado que assume a forma de diploma concedido após um exame, ou de atestado que comprova um percurso de formação bem-sucedido.

Esse balanço final não impede que sejam realizados balanços intermediários durante o curso, os quais devem ser chamados de somatórios. Isto é evidente no interior de um ciclo, pois toda certificação intermediária só pode reconstituir uma divisão vertical do trabalho, ano após ano, na qual os professores do curso anterior "certificam" (ou garantem) aos professores do curso posterior que o aluno domina os "pré-requisitos" do programa.

O problema torna-se mais delicado no momento da passagem de um ciclo plurianual para o seguinte. De fato, seria melhor distinguir duas questões:

1. É preciso exigir aquisições mínimas para aceitar um aluno no ciclo seguinte?
2. Como se deve chamar a prova dessas aquisições que, sem dúvida, é necessária?

AQUISIÇÕES MÍNIMAS?

O sistema educacional assume a responsabilidade global pela formação básica. Nessa escala, a partir do momento em que é introduzido no currículo, qualquer objetivo não pode ser abandonado com o pretexto de que não foi alcançado durante o ciclo de aprendizagem que deveria ter contribuído para a sua aquisição.

Mesmo que esse trabalho não tenha sido feito, ele deve ser continuado. Os objetivos de cada ciclo incluem os dos ciclos anteriores, embora para a maioria dos alunos isso signifique apenas consolidar e manter aquisições anteriores. Portanto, podemos representar o currículo como um sistema de "bonecas russas".[*]

No final "normal" de um ciclo, o que se deve fazer com os alunos que não alcançaram todos os objetivos? Idealmente, uma pedagogia diferenciada eficaz reduziria a proporção de alunos nessa situação, mas sempre restarão alguns.

Devem permanecer mais um ano no ciclo inferior? Ou devem passar para o ciclo seguinte e ficar sob a responsabilidade dos professores que os acolherão e que deverão assumi-los "como são", com algumas lacunas?

Sou favorável a essa segunda solução, após ter colocado em evidência os efeitos perversos do prolongamento da passagem em um determinado ciclo e a impossibilidade de repetir essa medida em cada ciclo durante a escolaridade obrigatória.

Naturalmente, os professores encarregados de cada ciclo devem fazer tudo o que estiver ao seu alcance para que uma maioria dos alunos alcance os objetivos e para que ele nunca pense: "Não faz mal, os colegas do ciclo seguinte podem fazer esse trabalho". Podemos ver então, mesmo que seja apenas por essa razão, a importância de um projeto coerente de estabelecimento!

Também é preciso contestar a idéia de que o saber desenvolve-se em patamares estritamente hierarquizados e de que não se pode chegar ao patamar superior sem ter dominado totalmente o anterior. De uma pers-

---

[*]N. de R. Bonecas artesanais, de diferentes tamanhos, que são encaixadas uma dentro das outras.

As competências para ensinar no século XXI **51**

pectiva construtivista, os saberes adquiridos são constantemente remanejados, reestruturados pelas novas experiências, e o tempo de aprendizagem não se confunde com o tempo de ensino.

Por outro lado, exigir que todos os alunos tenham "as mesmas bases" no início do currículo é a exigência típica de uma pedagogia frontal, incapaz de gerenciar a heterogeneidade, exceto por meio do fracasso dos mais lentos ou dos menos favorecidos. Nunca se sonhou com classes homogêneas na escola maternal, porque no início da escolarização a diversidade das famílias e das condições de vida provoca uma forte heterogeneidade. A escola primária aprendeu gradualmente a lidar com públicos heterogêneos ao compreender que, para homogeneizar realmente as classes, seria preciso manter índices de repetência de 20%. O ensino secundário acreditou durante mais tempo na homogeneidade como condição absoluta de ensino, devido à possibilidade de selecionar os alunos em função de seu nível escolar e de sua aptidão para acompanhar um determinado curso. O colegial e a transformação dos públicos e dos índices de acesso obrigam os professores secundaristas a "lidar com" públicos heterogêneos.

Se os ciclos são construídos para favorecer a pedagogia diferenciada, o acolhimento de alunos de diferente nível não deveria assustar as equipes pedagógicas. Salvo, é claro, que o sistema educacional tenha objetivos tão exigentes que só uma metade de cada classe possa alcançá-los...

UM BALANÇO DE TRABALHO

Mesmo que todos os alunos passem para o ciclo seguinte após o prazo normal do ciclo, é importante realizar um balanço e transmiti-lo à equipe do ciclo seguinte para garantir a máxima transparência e a continuidade da ação educativa.

Para não aumentar a confusão, seria melhor não considerar esse balanço como certificativo. Ele é informativo, formativo e, em certa medida, representa um prognóstico.

A OBSERVAÇÃO FORMATIVA

A avaliação formativa tem a única função de ajudar o aluno a aprender e a progredir rumo aos objetivos propostos. Por isso, proponho que se fale de observação formativa ou simplesmente de regulação dos processos de aprendizagem. Com efeito, a simples menção do conceito de avaliação suscita algumas associações de idéias que levam a uma pista falsa: provas, exames, classificações, seleção, etc.

52 Perrenoud, Thurler, Macedo, Machado e Allessandrini

Luto (Perrenoud, 1991), há 10 anos, por uma abordagem pragmática da avaliação formativa, a qual pode ser apresentada por meio de algumas teses:

- Uma avaliação definida por seus efeitos.
- Não à avaliação formativa sem diferenciação.
- Uma concepção ampla da observação.
- Uma concepção ampla da intervenção.
- Uma concepção ampla da regulação.
- Uma regulação à revelia (*par défaut*).
- Não à dissociação entre avaliação formativa e didática.
- A didática como dispositivo de regulação.
- Uma avaliação diferenciada em função das necessidades.
- Aliar a intuição e a instrumentação.
- Integrar a avaliação formativa ao contrato didático.
- Reinventar a avaliação formativa.

Tudo isso é válido no contexto de um ciclo de aprendizagem plurianual. Se a avaliação formativa é definida por seus efeitos de regulação das aprendizagens em curso, tudo está certo desde que seja eficaz, é claro que sempre dentro dos limites da ética. Por isso, é preciso ter uma concepção ampla:

- da observação (relativa às aquisições, aos processos e estilos de aprendizagem, às condições, ao projeto, à relação com o saber, ao ambiente, etc.);
- da intervenção (na sala de aula ou fora dela, de forma imprevista ou planejada, sobre o funcionamento cognitivo, bem como sobre a relação com o saber, o sentido do trabalho, a relação, a integração com a classe ou com a família);
- da própria regulação (relativa às condições de trabalho, às atividades, aos processos de aprendizagem ou mesmo ao desenvolvimento global do aprendiz).

A avaliação formativa concebida dessa maneira está totalmente imbricada com o processo de ensino e aprendizagem. Ela se relaciona mais com a pedagogia, com a didática e com as teorias da aprendizagem do que com a docimologia.

Se a regulação é fundamental, a avaliação formativa, realizada pelo professor, não é o único nem o principal pilar. Idealmente, ela continua sendo uma regulação à revelia (*par défaut*), que intervém quando todas as

As competências para ensinar no século XXI **53**

regulações que se referem à tarefa, às interações entre aprendizes ou às ajudas informatizadas esgotaram-se. Em suma, o dispositivo didático é que deve levar à regulação.

Componente de uma pedagogia diferenciada, a avaliação formativa não tem nenhum motivo para ser padronizada. Ela se insere em um processo de resolução de problema e depende das necessidades. Não há nenhum motivo para submeter todos os alunos às mesmas observações na lógica de um exame eqüitativo.

Ela não exige necessariamente uma instrumentação sofisticada nem pesada; muitas vezes, a observação direta e a intuição são suficientes. Desse modo, é importante que o professor observe os alunos que estão trabalhando, em vez de lhes aplicar baterias de testes padronizados. Isto exige uma integração entre a observação formativa no contrato didático e sua clara dissociação da avaliação seletiva.

Destaquemos, finalmente, que a avaliação formativa pode ser exercida de diversas maneiras e que cada professor ou equipe pedagógica deve forjar suas ferramentas, sem reinventar a roda, mas também sem se submeter a modelos criados por especialistas.

Deveríamos deter-nos em todos esses pontos. Contudo, apenas gostaria de frisar que, antes de nos preocuparmos com a observação formativa nos ciclos plurianuais, valeria mais a pena chegarmos a um acordo sobre uma concepção precisa da regulação das aprendizagens e dos percursos de formação.

Distingui quatro níveis de recursos à observação formativa (Perrenoud, 2001a). Eles podem existir fora dos ciclos, mas em seu contexto é que assumem uma dimensão mais plena:

1. a regulação do trabalho do aluno e seu apoio pelo adulto no contexto da atividade em curso;
2. a orientação do aluno para outras atividades, mais adequadas, no seio do mesmo grupo;
3. o encaminhamento do aluno a um outro grupo e, portanto, a atividades de outro tipo e/ou outro nível;
4. o monitoramento dos percursos de formação individualizados.

Examinemos rapidamente esses quatro níveis.

A regulação no contexto da atividade em curso

Essa forma de regulação é interativa, passa por intervenções do professor durante uma atividade, por sugestões, novos enfoques, abordagens e apoios que são respostas a uma solicitação ou ajuda espontânea. Em todos os casos, a intervenção é diferenciada e baseia-se em uma observação apurada das maneiras de trabalhar e de refletir de cada aluno ou de um grupo.

A forma de observação formativa está muito próxima da didática, trabalhando com o erro, as estratégias, as representações, os métodos, a relação com a tarefa e com o saber, como também com os investimentos, a cooperação, a liderança, etc.

É inútil dizer que essa forma de observação formativa assume aspectos muito diferentes se o professor apresenta exercícios padronizados a todos os alunos, fazendo com que cada um trabalhe sozinho em um caderno ou diante de uma tela, ou se eles aprendem por meio de pesquisas, projetos ou situações-problema.

A orientação dos alunos para outras atividades no mesmo grupo

A regulação durante uma determinada atividade é limitada quando fica evidente que essa atividade é inadequada: muito fácil ou muito difícil, desinteressante ou mal concebida para certo tipo de aluno. Da mesma forma, uma pesquisa muito aberta pode deixar inseguro um aluno preocupado com seu bom desempenho, enquanto um exercício muito estruturado pode aborrecer um aluno mais audacioso. Nesse caso, a observação formativa não tem a ver apenas com o aprendiz, mas também com sua interação previsível ou afetiva com uma tarefa ou um dispositivo didático.

Nunca é fácil saber quando se deve "pendurar as chuteiras", isto é, renunciar a uma determinada atividade e propor outra. Muitas vezes, o problema complica-se porque o professor não dispõe de uma imensa reserva de atividades alternativas pertinentes, nem de forças suficientes para criá-las *hic et nunc*, sob medida.

Portanto, esse componente da observação formativa só é pertinente em um sistema didático rico em materiais e em atividades possíveis, bem como em criatividade didática em função das necessidades. Se todos os professores estão constantemente ocupados, fazendo os grupos funcionarem, não sabemos de onde tirarão tempo e energia para enriquecer seu repertório de atividades. As editoras e as trocas com os colegas os ajudam bastante, porém conhecemos os limites do *prêt-à-porter* pedagógico.

O encaminhamento dos alunos a outro grupo

O número de atividades que podem coexistir em um grupo também é limitado, pois elas estão ligadas ao espaço e ao material, assim como à possibilidade de coexistência e de monitoramento paralelo de numerosas tarefas. Esse fato faz com que os alunos sejam divididos em grupos que trabalham em espaços diferentes ou em partes delimitadas de um espaço mais amplo, sob a responsabilidade de um ou vários professores.

Um grupo pode realizar apenas um tipo de atividade ou diversas atividades paralelas. Tudo depende da natureza, da duração e das funções dos diversos grupos entre os quais a equipe pedagógica dividiu os alunos. A observação formativa é, então, posta a serviço de uma orientação ótima dos alunos para os grupos mais convenientes para eles.

O monitoramento dos percursos de longo prazo

Passamos aqui a outra escala. A observação não se refere mais aos processos de aprendizagem particulares, mas ao percurso de formação. No entanto, ela não é menos formativa, estando mais relacionada às "estratégias" do que às "táticas".

Nesse nível, os ciclos de aprendizagem plurianuais introduzem a maior ruptura com uma escolaridade estruturada em etapas anuais. Durante um ano letivo, a individualização dos percursos é muito fraca. Muitas vezes, ela se limita ao fato de que, embora participem das mesmas atividades de forma sincrônica, os alunos não seguem o mesmo trajeto de formação, pois alguns compreendem e retêm tudo, enquanto outros assistem a atividades didáticas cujo sentido não entendem e que não significam nada para eles, aumentando sua inferioridade com relação aos bons alunos.

Quando se autoriza uma maior diversificação dos percursos, sem renunciar a fazer com que cada um domine de maneira aceitável os objetivos de final de ciclo, esse monitoramento das progressões individuais torna-se decisivo. Assim, a observação formativa baseia-se tanto nos balanços de aquisições quanto na análise da trajetória recente do aluno, em seus projetos, condutas e investimentos. Tudo serve para responder à seguinte pergunta: qual é a estratégia pedagógica melhor – ou menos ruim – a ser adotada para esse aluno nas próximas semanas ou meses?

Em um hospital, médicos e enfermeiros sempre se fazem essa pergunta no decorrer de um determinado tratamento. Eles revêem sua análise de causas e possibilidades, reorientam a estratégia terapêutica em função das necessidades. Encontramos ações profissionais semelhantes na educação especial ou na assistência social, assim como na maioria das profissões técnicas de certo nível, como na administração de empresas. A escola tem muito a aprender nesse sentido, embora certas equipes pedagógicas já tenham aberto o caminho.

COMPETÊNCIAS A CONSTRUIR

Em todos os registros evocados, é preciso contar com ferramentas de trabalho, começando com os objetivos de final de ciclo e com as balizas intermediárias. Nem sempre isso é fácil, pois os fabricantes das ferramentas, muitas vezes, são como arquitetos que constroem casas em que não moram, preferindo sua coerência teórica ou estética aos interesses dos usuários.

Ferramentas adequadas e sofisticadas não servem para nada se as competências dos professores não são suficientes. Além disso, elas não abrangem apenas a medição de certas aquisições. A observação formativa, inclusive quando assume a forma de um balanço de fim de ciclo, contribui bastante para realizar uma tarefa de análise e de interpretação que fundamenta as decisões.

Não adianta observar se não se sabe interpretar. Não adianta saber interpretar se não se sabe decidir. E não adianta decidir se se é incapaz de concretizar suas decisões. Portanto, não há nenhum motivo para isolar a formação à observação formativa de uma formação didática e pedagógica mais global, relativa aos processos de aprendizagem, à construção dos saberes, à relação com o saber, ao investimento, ao erro, à metacognição e também à arte de construir, diferenciar e regular situações de aprendizagem e dispositivos didáticos.

CONCLUSÃO

Por que, para falar da avaliação nos ciclos plurianuais, detive-me tanto nas questões referentes ao currículo de pedagogia, didática e organização do trabalho? Apenas porque é absurdo discutir a avaliação, sobretudo a formativa, sem levar em conta o sistema didático e o sistema educacional em seu conjunto. Em vez de sofisticar modelos e ferramentas de avaliação, sem se preocupar com o contexto, é melhor trabalhar em todos os campos ao mesmo tempo e interligá-los!

As competências para ensinar no século XXI **57**

Para concluir e à guisa de resumo, retomarei – sem entrar em detalhes – dez princípios básicos que colocam a avaliação em seu justo lugar:

1. Um ciclo de aprendizagem não é um fim em si mesmo, mas uma forma de fazer aprender melhor e, especialmente, de lutar contra o fracasso escolar e as desigualdades.
2. Como tal, um ciclo de aprendizagem não constitui um progresso e pode chegar até a aumentar os fracassos e as desigualdades.
3. Um ciclo de aprendizagem não passa de um espaço-tempo de formação (de dois anos ou mais) que permite, melhor que um curso anual, organizar de modo eficaz as aprendizagens.
4. Por isso, ele deve possuir dispositivos ambiciosos de pedagogia diferenciada e de observação formativa.
5. Um ciclo de aprendizagem só pode funcionar com base em objetivos de fim de ciclo, que constituem o contrato para professores, alunos e pais.
6. O restante foi proposto apenas a título indicativo: balizas intermediárias, modelos de organização do trabalho e de agrupamento dos alunos, ferramentas de avaliação. As escolas e os professores organizam-se de maneira livre e diversa.
7. É desejável que um ciclo de aprendizagem seja confiado a uma equipe pedagógica estável, coletivamente responsável por ele durante vários anos.
8. O prazo de passagem em um ciclo deve ser padronizado para que a diferenciação seja realizada em outras dimensões além do tempo e para que não reintroduza uma repetência disfarçada.
9. Os professores devem receber formação e apoio adequados para construir novas competências antes e durante a introdução dos ciclos.
10. Há um longo caminho a trilhar para se chegar a um funcionamento eficaz em ciclos; ele deve ser concebido como um processo negociado de inovação de seis a dez anos.

O último ponto refere-se à inquietude que os nove primeiros podem suscitar. Vamos pressupor, porém, que os sistemas educacionais deixem de lado o pensamento mágico e comecem a aplicar estratégias de inovação que permitam lidar com os problemas não-resolvidos, aprender com a experiência e compartilhar saberes...

REFERÊNCIAS BIBLIOGRÁFICAS

Perrenoud, Ph. *La fabrication de l'excellence scolaire: du curriculum aux pratiques d'évaluation. Vers une analyse de la réussite, de l'échec et des inégalités comme réalités construites par le système scolaire.* Genève: Droz, 1984. (2.ed. aum. 1995.)

———. Pour une approche pragmatique de l'évaluation formative. *Mesure et Évaluation en Éducation*, v.13, n.4, p.49-81, 1991. Repris dans Perrenoud, Ph. *L'évaluation des élèves. De la fabrication de l'excellence à la régulation des apprentissages.* Bruxelles: De Boeck, 1998. Chapitre 7, p.119-145.

———. Não mexam na minha avaliação! Para uma abordagem sistêmica da mudança pedagógica. In: ESTRELA, A.; NÓVOA, A. (dir.). *Avaliações em educação: novas perspectivas.* Lisboa: Educa, 1992. p.155-173. (Version portugaise de "Touche pas à mon évaluation! Pour une approche systémique du changement pédagogique". *Mesure et Évaluation en Éducation*, v.16, n.1-2, p.107-132, 1993.)

———. Touche pas à mon évaluation! Pour une approche systémique du changement pédagogique. *Mesure et Évaluation en Éducation*, v.16, n.1-2, p.107-132, 1993. (Repris dans Perrenoud, Ph. *L'évaluation des élèves. De la fabrication de l'excellence à la régulation des apprentissages.* Bruxelles: De Boeck, 1998. Chapitre 9, p.169-186).

———. *La pédagogie à l'école des différences. Fragments d'une sociologie de l'échec*, Paris: ESF, 1995. (2.ed. 1996). (Em português: *A pedagogia na escola das diferenças: fragmentos de uma sociologia do fracasso*. Porto Alegre: Artmed, 2001.)

———. *La construcción del éxito y del fracaso escolar.* La Coruña: Fundacion Paideia & Madrid, Ediciones Morata, 1996. (2.ed., trad. en espagnol de *La fabrication de l'excellence scolaire: du curriculum aux pratiques d'évaluation*).

———. *Construire des compétences dès l'école.* Paris: ESF, 1997a. (3.ed. 2000). (Em português: *Construir as competências desde a escola.* Porto Alegre: Artmed, 1999.)

———. *Pédagogie différenciée: des intentions à l'action.* Paris: ESF, 1997b. (2.ed. 2000). (Em português: *Pedagogia diferenciada: das intenções à ação.* Porto Alegre: Artmed, 2000.)

———. Les cycles d'apprentissage: une auberge espagnole? *Éducateur*, n.13, p.25-28, 27 nov. 1998a.

———. Les cycles d'apprentissage, de nouveaux espaces-temps de formation, *Éducateur*, n.14, p.23-29, 18 déc. 1998b.

———. *L'évaluation des élèves. De la fabrication de l'excellence à la régulation des apprentissages.* Bruxelles: De Boeck, 1998.

———. Trois conditions pour apprendre en cycles. *Éducateur*, n.1, p.26-31, 5 fév. 1999a.

———. Plaidoyer pour des cycles d'apprentissage de plus de deux ans. *Éducateur*, n.7, p. 28-33, 28 mai 1999b.

———. Gérer en équipe un cycle d'apprentissage pluriannuel: une folie nécessaire! *Éducateur*, n.9, p.28-33, 3 sep. 1999c.

———. Mettre en forme la responsabilité collective d'un cycle d'apprentissage. *Éducateur*, n.10, p.28-32, 24 sep. 1999d.

————— . *Dix nouvelles compétences pour enseigner. Invitation au voyage.* Paris: ESF, 1999e.
————— . *Avaliação. Da excelência à regulação das aprendizagens.* Porto Alegre: Artmed, 1999f.
————— . De la gestion de classe à l'organisation du travail dans un cycle d'apprentissage. *Revue des Sciences de l'Éducation,* Montréal, v.25, n.3, p.533-570, 2000a.
————— . Du bon usage des objectifs de formation dans un cycle d'apprentissage pluriannuel. *Éducateur*, n.5, p.19-24, 14 avril 2000b.
————— . *Dez novas competências para ensinar.* Porto Alegre: Artmed, 2000c.
————— . Les trois fonctions de l'évaluation dans une scolarité organisée en cycles. *Éducateur*, n.2, p.19-25, 9 fév. 2001a.
————— . "Évaluation informative": une expression malheureuse, source de toutes les confusions. *Éducateur*, n.3, p.22-39, 2 mars 2001b.
————— . L'individualisation des parcours de formation dans un cycle d'apprentissage pluriannuel. *Éducateur*, sous presse, 2001c.
WIGGINS, G. À true test: Toward more authentic and equitable assessment. *Phi Delta Kappa*, v.70, p.703-714, 1989.
————— . Teaching to the (authentic) test. *Educational Leadership*, v.46, n.7, p.41-47, 1989.

3

Da Avaliação dos Professores à Avaliação dos Estabelecimentos Escolares[*]

Monica Gather Thurler

Em todo o mundo, os sistemas escolares estão engajados em uma mudança de perspectivas que os conduz a substituir os modelos tradicionais de gestão, autoritários e centralizadores, por outros modelos, mais participativos. Assim, são levados a delegar, aos subsistemas e aos atores do terreno (associações profissionais, diretor de estabelecimento escolar, professores, pais), a responsabilidade de desenvolver localmente as soluções mais adequadas para responder às exigências que agora são definidas sob a forma de grandes objetivos de desenvolvimento.

Paralelamente, a emergência vigorosa de uma nova identidade profissional e da consciência de si dos atores do terreno como atores autônomos reforça neles a idéia de que nem as estruturas nem os condicionamentos são inelutáveis, mas que em parte podem ser escolhidos e negociados.

Essa evolução das mentalidades dos atores individuais e coletivos é amplamente acompanhada e sustentada no plano conceitual e teórico.

---

[*]Texto da conferência feita no âmbito de uma série de intervenções no Brasil em agosto de 2001. Trata-se de uma versão resumida de um texto mais completo, redigido por ocasião das *Entretiens Jacques Cartier*, de 4-6 outubro 2001 em Montreal (Canadá).

Inúmeros especialistas do desenvolvimento organizacional e da análise sociopolítica dos sistemas, filiados à corrente socioconstrutivista, insistem já há muitos anos na utilidade de uma construção progressiva de representações que traduzam melhor a percepção da experiência e da interação entre atores.

É por essa razão que a grande maioria dos sistemas escolares tende a redefinir os novos limites entre liberdade e responsabilidade, autodeterminação e comando negociado, avaliação interna e externa, auto-regulação e controle (Perrenoud, 1998). Nessa órbita, o estabelecimento escolar é cada vez mais designado como objeto privilegiado de ações de formação e de inovação. Se tal evolução não deixa de ter conseqüências para a evolução e a organização interna dos sistemas escolares, por outro lado ela confronta o político e a base com inúmeros obstáculos jurídicos, conceituais, estruturais e políticos.

O principal obstáculo é de ordem jurídica (Derouet, 2000): é preciso conceber o estabelecimento como "pessoa jurídica", como "estabelecimento público de ensino", atribuindo-lhe uma certa autonomia, não apenas na gestão dos recursos humanos, mas também na organização do trabalho e na determinação do currículo. Em contrapartida, é preciso definir um poder organizador que garanta aos usuários e às coletividades locais uma presença estatutária na gestão da escola. Essa evolução jurídica avançou de forma desigual e assume feições diferentes em cada país, como decorrência das tradições administrativas, da existência e do peso das comissões escolares, etc.

Contudo, esses obstáculos jurídicos representam apenas a ponta do *iceberg*. Enquanto engrenagem do sistema educacional e do serviço público, os estabelecimentos precisam conciliar sua autonomia e sua inserção em uma política nacional ou regional de educação e, ao mesmo tempo, precisam saber utilizar a autonomia de que dispõem para explorar os dispositivos pedagógicos mais capazes de assegurar o êxito dos alunos que lhe são confiados. Nessa perspectiva, um estabelecimento escolar seria composto, em termos ideais, por um conjunto organizado de profissionais que assumiriam *coletivamente* uma *tripla* responsabilidade:

a) desenvolver os melhores dispositivos de ensino-aprendizagem para ajudar os alunos a atingir os objetivos fixados para o final de seu ciclo de estudos;

b) identificar continuamente as mudanças estruturais e pedagógicas necessárias para integrar as novas metodologias;

c) instaurar um clima e um método de trabalho e de formação que permitam explorar e desenvolver de maneira ótima as *competências individuais e coletivas* existentes.

As competências para ensinar no século XXI **63**

A aposta é ambiciosa. Para vencê-la, é preciso que os profissionais sejam – ou se tornem – os *principais* atores e *responsáveis* pelas mudanças a serem feitas em seu estabelecimento escolar. Para isso, é preciso que:

- o sistema educacional limite-se a definir as finalidades comuns e um *plano de referência*[1], deixando uma ampla margem de manobra aos estabelecimentos escolares em matéria de funcionamento, de recursos humanos e também de orientações curriculares;
- os atores de cada estabelecimento apropriem-se do plano de referência e, a partir dele, identifiquem suas prioridades de ação e de desenvolvimento, eventualmente negociando recursos e até mesmo margens suplementares de autonomia, segundo suas necessidades e o andamento de suas práticas;
- elaborem, com base nesses dados, seu *projeto de estabelecimento* e o ponham em prática envolvendo, na medida do possível, seus parceiros externos: pais, formadores, pesquisadores, etc.

Esse contexto pode parecer bastante utópico na situação das culturas profissionais e administrativas ainda predominantes; por isso, é preciso, antes de tudo, um investimento enorme em recursos humanos e materiais. Apesar dos custos, a maioria dos sistemas escolares persiste nessa via: eles compreenderam que a eficácia do sistema não depende apenas das qualidades intrínsecas dos objetivos, dos programas, dos procedimentos e das prescrições diversas, mas da capacidade dos atores do terreno de lhes dar sentido e de aderir e eles (Alter, 1998, 2000; Gather Thurler, 2001a). Eles admitiram, enfim, que a adesão é negociada em oposição ao *poder* e que não é possível controlar tudo e, simultaneamente, esperar mobilizar as forças vivas presentes nos estabelecimentos.

No entanto, o fato de levar a burocracia escolar central a ceder uma parte de seu poder aos estabelecimentos escolares não amplia por si só a autonomia destes e a diversidade na busca de soluções possíveis. Para que essa diversidade não vire anarquia, para que o sistema educacional possa ser gerido e mantenha a credibilidade, para preservar a transparência e a eqüidade, a grande maioria dos sistemas tenta estabelecer barreiras, mecanismos aptos a garantir a coerência da ação pedagógica, tanto no âmbito dos estabelecimentos quanto em larga escala (Demailly, 2000; Dutercq, 2000).

Essa evolução torna caducas as modalidades tradicionais do controle e, conseqüentemente, precipita o dispositivo de controle em uma crise de sentido sem precedente. Diante dessa crise, os vários sistemas escolares reagem de maneiras bastante diversas: alguns suprimem os quadros intermediários (inspetores, diretores de estabelecimento escolar, etc.); outros redefinem suas tarefas, funções e qualificações, de modo a recuperar uma parte do poder de gestão, particularmente no que diz respeito ao controle da eficácia. Em um regime no qual a autonomia é apenas um modo de gestão do sistema educacional, ela tem uma contrapartida: *a obrigação de justificar* o que é feito dessa sua margem de ação, ou seja, de se prestar a alguma forma de *avaliação*.

Provavelmente, não haverá uma verdadeira evolução enquanto as *dissonâncias cognitivas* entre os funcionamentos burocráticos e os objetivos profissionalizantes não forem analisadas, levadas em conta, enfim, minimizadas a fim de instaurar uma coerência maior entre o dizer e o fazer. Como escrevem Bascia e Hargreaves (2001, p. 19):

> (...) os esforços das reformas mais criativas são sistematicamente minados pela lógica do controle político, que leva a uma padronização, regulação e inflexibilidade excessivas e acaba dificultando o engajamento intelectual e emocional dos professores e impedindo que se tornem os principais agentes políticos da mudança.

As dissonâncias cognitivas ocorrem quando as transformações em curso obedecem a lógicas muito distintas, e, às vezes, contraditórias, o que é bastante sintomático nos períodos de mudança. A tendência atual dos sistemas escolares de preconizar a autonomia dos estabelecimentos escolares e, ao mesmo tempo, reforçar os procedimentos padronizados de gestão e controle poderia ser apenas uma reação *passageira*, supostamente para aplacar as angústias da perda de domínio das autoridades escolares. Contudo, pode ocorrer também que os sistemas acomodem-se de forma duradoura – e sem estados de alma particulares – nesse funcionamento contraditório.

Hoje, está lançado o debate opondo os partidários de uma ofensiva dirigida à aferição externa da eficácia da ação pedagógica e aqueles que desejam investir um máximo de esforços para implantar, no plano local (nos estabelecimentos escolares), as competências indispensáveis de auto-avaliação e auto-regulação. Esse debate não é novo: ele existe há décadas entre os partidários de uma orientação centrada nos efeitos e aqueles que defendem a prioridade do processo. Ele evidencia a crença muito forte – e persistente – daqueles que ainda hoje pensam que a qualidade é assegurada, de um lado, por uma verificação regular do desempenho dos alunos e, de outro, pelo controle externo da competência dos professores.

Todavia, a experiência recente permitiu pôr em questão esse paradigma do controle pontual externo e projetar condutas de desenvolvimento da qualidade que se insiram em uma construção coletiva e em uma otimização dos processos de trabalho no tempo (Gather Thurler, 1993,

As competências para ensinar no século XXI **65**

1994a; Schratz, 2000). É preciso fazer com que os membros das equipes pedagógicas assumam maior responsabilidade coletiva, não apenas no que diz respeito à exploração e ao uso de novos dispositivos didáticos, mas também ao estabelecimento de práticas de auto-avaliação que garantam uma verificação pertinente das repercussões das escolhas feitas e, com base nessa verificação, permitam introduzir os ajustes necessários.

Isso deve conduzir à substituição do *controle externo* pela *avaliação contínua* assumida pelos próprios atores a fim de encorajá-los a adquirir meios conceituais e práticos de um *planejamento evolutivo* (Conan, 1998; Gather Thurler, 1994b). Em suma, trata-se de transpor à realidade do desenvolvimento escolar clássico, centralizador e imposto pelas autoridades escolares, o princípio bastante conhecido de que *quem questiona dirige*. Em outras palavras, de superar a habitual divisão de trabalho entre os que sabem fazer as perguntas certas para decidir com conhecimento de causa e os que, incapazes de formular boas questões, ficam limitados a executar as decisões de um terceiro.

De fato, inúmeras pesquisas assinalam a necessidade de modificar os procedimentos habituais de avaliação e de decisão para preservar a motivação e o engajamento do professores e combater o seu *burn-out* (Vandenberghe e Huberman, 1999). Sustentam que é preciso transformar as escolas em *comunidades profissionais*, centradas na aprendizagem interativa, que têm como alvo, muito determinado e explícito, melhorar as aprendizagens dos alunos.

Nessa perspectiva, pode ser útil conectar a autonomia à avaliação, combinando dois tipos de condutas:

- a auto-avaliação tem como objetivo identificar o impacto das ações empreendidas a fim de determinar a seqüência das operações, bem como os ajustes eventualmente necessários;
- a avaliação externa verifica a pertinência da auto-avaliação e utiliza os resultados desta para definir as linhas gerais da ação do sistema.

Aliás, é preciso lembrar que nem mesmo um estabelecimento escolar totalmente autônomo (por exemplo, no setor privado) escapa à necessidade de submeter periodicamente seu funcionamento pedagógico e organizacional a um exame lúcido, que permita descobrir as disfunções invisíveis e decidir ajustes futuros.

O binômio autonomia-avaliação assume seu pleno sentido quando os estabelecimentos escolares pertencem a um sistema escolar que vem renovando seu funcionamento, no sentido de uma descentralização participativa e na perspectiva de torná-los parceiros na busca de maior eficácia da ação pedagógica.

A partir dessas constatações preliminares, minha contribuição estrutura-se em três partes: a primeira, fundamenta-se na idéia de que os sistemas escolares terão de escolher entre dois paradigmas de funcionamento: um paradigma do controle centralizador e um paradigma do desenvolvimento da qualidade.

Na segunda parte, argumento que a obrigação de resultados é, ao mesmo tempo, indispensável, impossível, insuportável. Resultado: as novas modalidades de comando de sistemas poderão e deverão incorporar a obrigação de resultados, sem para isso obstinar-se em um perfeccionismo *pontual e estático*.

A terceira parte propõe que a avaliação institucional esteja a serviço principalmente da *gestão dos saberes profissionais* e da transformação da escola em organização aprendiz.

DO CONTROLE AO DESENVOLVIMENTO DA QUALIDADE

Os meios de controle de que se valem os responsáveis para implementar as reformas são exercidos com base em um princípio aparentemente simples e sedutor: dentro de um plano de referência que define os objetivos do sistema e princípios gerais, cada estabelecimento escolar é livre para empregar os meios e optar pelos funcionamentos que lhe pareçam aptos para atingir os objetivos visados.

No entanto, essa liberdade é enganosa. Raramente os planos de referência fixam objetivos fáceis de atingir. Ao contrário, eles estão sempre em defasagem com relação às realidades locais. Dependendo da composição sociocultural e da história escolar dos alunos, das relações escola-família, dependendo das competências profissionais e da experiência inovadora existentes nos estabelecimentos, é difícil para eles conciliar o plano de referência, as limitações do terreno e um projeto de desenvolvimento que atenda às prioridades e aspirações locais.

A essas dificuldades acrescenta-se ainda outra. Ela decorre das justaposições totalmente contraditórias entre prescrições e medidas de controle muito detalhadas e os discursos sedutores sobre a "gestão participativa", a responsabilidade coletiva e a profissionalização do ofício de professor. Nem as autoridades escolares e nem mesmo sindicatos de professores confiam verdadeiramente na competência dos estabelecimentos escolares para a autogestão, ao mesmo tempo em que afirmam sua autonomia e incitam seus atores a demonstrar espírito de iniciativa e de criatividade.

De resto, as mudanças geralmente abruptas das regras do jogo não garantem aos atores em questão as competências necessárias para se mostrarem à altura da tarefa. Sempre que se transferem aos estabelecimentos escolares tarefas e decisões que até então eram de responsabilidade de serviços centralizados, corre-se o risco de acuar os atores locais, caso não se dê tempo a eles para construir novas competências e identidades, como, por exemplo, competências de gestão orçamentária, de planejamento estratégico, de negociação com os atores sociais, de organização e divisão do trabalho, de desenvolvimento curricular, de procedimentos originais de avaliação ou de incorporação de tecnologias, etc.

Transferências muito brutais provocam catástrofes se não forem acompanhadas de medidas de formação e de monitoramento, em geral onerosas. Nas faltas delas, a constatação da sua incompetência faz com que se retroceda a novas – ou antigas – dependências. Daí a tendência das autoridades de desenvolver sistemas de controle cada vez mais refinados, que remetem a base a seu papel tradicional: executar as diretrizes que vêm de cima.

Diante dessas oscilações, e constatando por si mesmos que a autoridade tira com uma mão o que deu com a outra, que ela se aprimora cada vez mais em um duplo discurso ("Vocês são todos profissionais" e "Cabe às autoridades comandar e controlar"), os professores hesitam em assumir a incerteza e o acréscimo de trabalho adicionais. Temendo perder-se em infindáveis discursos e despertar inutilmente os conflitos internos, sem, em troca, beneficiar-se de margens de autonomia reais, eles acabam preferindo deixar para as autoridades políticas a tarefa e o poder de comandar o sistema.

Dois níveis de comando

Para ver com mais clareza quais as tarefas e as responsabilidades dos diferentes níveis abrangidos pelo comando e, conseqüentemente, pela avaliação, parece útil distinguir, com Maritzen (1998, ver também Tabelas 3.1 e 3.2), dois níveis de comando: *operacional* e *estratégico*.

O comando operacional só pode ser assumido por atores diretamente relacionados, sejam atores individuais (os professores) ou coletivos (estabelecimentos escolares ou redes de estabelecimentos), já que nenhuma instância externa pode realmente determinar as modalidades de ação e de reação do local, porque dependem de fatores organizacionais e históricos que lhe são próprios. De fato, as culturas dos estabelecimentos variam segundo:

68 Perrenoud, Thurler, Macedo, Machado e Allessandrini

- seu funcionamento e sua composição interna;
- os modos de cooperação existentes (ou ausentes);
- a presença ou a ausência de um projeto comum;
- os conflitos vividos, solucionados ou não;
- a postura pedagógica e ideológica dos professores;
- a atitude dos pais.

O comando operacional é sempre uma forma de "navegação" que, a partir das prescrições e da apreciação da situação pelos professores, determinará o que é desejável, factível e suportável para fazer escolhas e empreender as ações necessárias.

O comando estratégico cabe às autoridades escolares nacionais e/ou regionais. Elas definem – na melhor das hipóteses em negociação com os parceiros envolvidos – os conteúdos e as condições de implementação do plano de referência, proporcionam os recursos e os meios necessários, bem como definem as modalidades de avaliação que permitam verificar o impacto das medidas adotadas.

É claro que a combinação entre comando operacional e estratégico funcionará tanto melhor no sentido de uma verdadeira autonomia dos estabelecimentos escolares e da profissionalização do ofício de professor se os principais interessados – os professores – forem capazes de se tornar progressivamente parceiros conscientes de seus direitos e de suas obrigações. Quanto às autoridades escolares, esse modo de funcionamento exige importantes competências de comunicação, sem as quais elas jamais conseguirão desenvolver uma cultura de avaliação digna desse nome. Elas não poderão, de modo algum, valer-se de sua posição hierárquica para impor *seu* ponto de vista, mas dependerão em grande parte da maneira como os atores do terreno conseguirem *construir*, individual e coletivamente, o *sentido* das transformações que lhe são exigidas, estando convencidos de que têm tudo a ganhar embarcando nesse tipo de aventura (Gather Thurler, 2000; Earl e Katz, 2001).

Para que a avaliação não seja nem imposta, nem reduzida a falsas aparências, mas transformada em vontade coletiva de desenvolver a qualidade do sistema, deve haver um acerto entre as autoridades escolares e os atores da base. Ambas as partes têm de concordar em empreender uma análise de suas práticas e em partilhar e explorar o conjunto dos saberes existentes: saberes da experiência, dados empíricos, resultados de avaliações diferentes, etc.

Na perspectiva sistêmica proposta, os comandos estratégico e operacional são interdependentes, isto é, a lógica organizacional adotada pelo

As competências para ensinar no século XXI **69**

sistema influenciará os papéis e as tarefas dos atores, assim como a postura dos atores envolvidos. Eu me restringirei a confrontar duas lógicas organizacionais opostas: uma corresponde aos sistemas centralizados, enquanto a outra corresponde mais aos sistemas descentralizados. Na realidade, porém, sabe-se que os funcionamentos e as atitudes de uns e de outros nunca são tão demarcados.

No primeiro caso ilustrativo (Tabela 3.1), o comando estratégico é concebido de forma essencialmente autoritária e prescritiva. O órgão de inspeção e de controle que emana das autoridades escolares transmite as diretrizes aos estabelecimentos escolares, formula critérios de qualidade, decide os ajustes necessários sanciona os erros. Segundo essa visão do comando, o estabelecimento escolar tem um estatuto de mero *executor* e o comando *operacional* restringe-se à implementação mais fiel possível das prescrições recebidas. Podemos notar que esse tipo de funcionamento corresponde à cultura ainda hoje amplamente dominante nos sistemas escolares, nos quais os atores – tanto os professores quanto os representantes das autoridades escolares – geralmente se mostram pouco dispostos a se engajar no trabalho exigente e de muito fôlego que exigiria qualquer modificação das práticas de avaliação.

Tabela 3.1 – A assimetria entre comando estratégico e operacional em um sistema centralizado e burocrático.

Comando estratégico		Comando operacional
O órgão de inspeção e controle...		O estabelecimento escolar...
... transmite as prescrições aos estabelecimentos escolares	→	... executa as prescrições recebidas (de cima)
... formula critérios de qualidade	→	... adapta o ensino às expectativas
... define a competência	→	... orienta-se segundo o modelo de competências
... decide em função da atualidade	→	... age conforme a injunção externa
... sanciona os erros	→	... tenta afastar/ocultar os erros

Sob a influência das novas abordagens da administração pública,[*] diversos sistemas escolares tentaram substituir o modelo centralizado por outro modo de funcionamento. Em troca de uma maior ou menor autonomia concedida aos estabelecimentos escolares, os sistemas implantaram medidas de controle que lhes permitissem assegurar a qualidade dos serviços prestados. Os efeitos perversos desse tipo de medidas nada ficam a dever aos métodos burocráticos que elas supostamente suplantariam.

A única alternativa "viável" parece residir em um terceiro modelo de funcionamento, segundo o qual os professores são parceiros integrais dos procedimentos de avaliação e os incorporam em seu funcionamento enquanto profissionais. Graças à forte articulação entre comando estratégico e operacional, os professores adquirem o estatuto de *atores coletivos* em sentido pleno, enquanto a avaliação institucional, o desenvolvimento negociado da qualidade e do desenvolvimento profissional tornam-se eixos complementares (Tabela 3.2).

Tabela 3.2 – A interação entre comando estratégico e operacional em um sistema descentralizado e profissionalizado.

Comando estratégico		Comando operacional
O órgão de inspeção e de controle...		O estabelecimento escolar...
... desenvolve pontos de vista (plano de referência) e submete-os a consulta	→	... insere seu projeto no plano de referência oficial
... oferece cenários de desenvolvimento eles sua organização do trabalho	→	... define seus objetivos e adapta a
... estabelece padrões nacionais e encaminha as medidas necessárias	→	... fixa seus próprios padrões de qualidade
... negocia com os atores do terreno os recursos humanos e materiais (compreendida a formação contínua)	→	... explora sistematicamente seus espaços de autonomia
... empreende a metavaliação	→	... avalia seu próprio trabalho e observa sua evolução

---

[*]N. de R. Em inglês, *New Public Management* (NPM).

As competências para ensinar no século XXI **71**

Esse novo funcionamento pretende oferecer aos estabelecimentos a possibilidade de *decidir* os ajustes pedagógicos que considerem mais adequados, desde que estejam inseridos em um plano de referência mais amplo. Os próprios estabelecimentos escolares assumem a avaliação de suas práticas, com base em indicadores comuns, aceitando que os resultados dessa auto-avaliação sejam questionados a partir dos resultados da avaliação externa. Essa importante transferência de responsabilidades, por sua vez, redefine a atribuição dos órgãos de inspeção e de controle, cujo papel consiste agora em assegurar o bom andamento das operações de auto-avaliação.

Assim, em uma perspectiva de *médio prazo*, podemos imaginar que as instâncias de inspeção desenvolvem e disponibilizam as ferramentas e os padrões de auto-avaliação, ajudam os agentes locais a se iniciar nela e, depois disso, julgam a qualidade da auto-avaliação empreendida (Demailly, 2000).

Um futuro ainda incerto

Se hoje apenas uma pequena parte dos estabelecimentos escolares tem competência e promove os funcionamentos necessários para se inserir nessa visão do comando operacional, a grande maioria das reformas escolares atuais propõe, mais ou menos explicitamente, medidas que caminham nesse sentido. Tal evolução é, sem dúvida, animadora, na medida em que pode contribuir para a emergência de uma cultura da avaliação e para acelerar o processo de profissionalização do ofício de professor. Contudo, ela inspira inquietações reais, visto que esses mesmos sistemas escolares demoram a adaptar a isso os funcionamentos em nível de comando estratégico, com as seguintes conseqüências:

a) A auto-avaliação e a obrigação de prestar contas exigidas dos estabelecimentos escolares não terão sentido e não atingirão seus objetivos se eles não conseguirem produzir dados suficientemente confiáveis e pertinentes, os quais permitam tanto a eles próprios como ao sistema definir as etapas seguintes. No entanto, a experiência mostra que apenas uma pequena parte dos estabelecimentos possui as competências necessárias para produzir esses dados.

b) Em uma perspectiva profissionalizante, a *auto-avaliação* terá prioridade absoluta, cabendo à avaliação externa uma função muito mais restrita de confirmação e enriquecimento da auto-avaliação. Porém, a complementaridade "benéfica" entre avaliação interna e externa, que favoreceria a primeira em detrimento da segunda, existe apenas excepcionalmente. As instâncias do comando estratégico, convencidas da mediocridade e da não-confiabilidade dos dados produzidos pela auto-avaliação, privilegiarão a avaliação externa.

c) O comando operacional sugere que os estabelecimentos escolares fixem três ou quatro prioridades de desenvolvimento e, durante muitos anos, invistam o essencial de suas forças em sua consecução. Um desenvolvimento digno desse nome exige tal concentração de esforços em prazos bastante longos. Naturalmente, as avaliações em larga escala, que abordam temáticas *amplas*, não poderão de modo algum levar em conta escolhas específicas, que variam de um lugar a outro. Elas privilegiarão forçosamente critérios e modos de avaliação que ou terão um tal grau de generalidade que os resultados nada acrescentarão, ou serão de tal modo precisos e restritivos que os estabelecimentos escolares se verão obrigados a se adequar a eles ao pé da letra... o que reduzirá bastante suas margens de autonomia.

Na maior parte dos casos ilustrativos, nem a literatura nem o debate sobre a avaliação institucional e a obrigação de prestar contas preocupam-se com as ligações existentes entre o comando estratégico e o operacional. Com isso, instauram-se, em muitos lugares, dois mundos paralelos: por um lado, experiências locais que desenvolvem práticas de auto-avaliação essencialmente a serviço do projeto de estabelecimento; por outro lado, exercícios de avaliação externa altamente sofisticados e padronizados, construídos a partir de indicadores nacionais, que não levam em conta nem os processos de desenvolvimento nem as prioridades locais, visando essencialmente ao desempenho dos alunos. Isso certamente satisfaz aqueles que desejam participar das comparações internacionais e acreditam que assim poderão influenciar na eficiência do seu. No entanto, é pouco provável que esse tipo de procedimentos produza, no final, os efeitos esperados sobre os principais atores envolvidos: os professores e os diretores de estabelecimento escolar.

A OBRIGAÇÃO DE RESULTADOS: INDISPENSÁVEL, IMPOSSÍVEL, INSUPORTÁVEL

Para os sistemas escolares que adotam a gestão descentralizada, a obrigação de resultados representa a contrapartida da autonomia concedida agora aos estabelecimentos escolares. Na perspectiva do *New Public Management*, parte-se de um princípio relativamente simples: os estabele-

As competências para ensinar no século XXI **73**

cimentos (e dentro deles os professores) decidem livremente métodos de ensino e só têm de responder pela qualidade de suas ações pedagógicas. A progressão dos alunos rumo aos objetivos de aprendizagem, que se supõe que eles atinjam em prazos definidos (fim da escolaridade, fim dos ciclos, fim de cada ano letivo), é medida com base em indicadores de êxito que são determinados em nível de sistema, ou que são definidos para cada estabelecimento.

A partir dos dados recolhidos, é possível determinar a qualidade dos serviços prestados pelos estabelecimentos escolares, segundo três referências:

- os serviços prestados pelo mesmo estabelecimento nos anos anteriores;
- os de outros estabelecimentos escolares comparáveis;
- os objetivos que foram fixados no âmbito do sistema em sua globalidade.

A obrigação de prestar conta combina-se assim – se tudo correr bem – com a vontade de tornar transparentes, por um lado, os resultados obtidos e, por outro, os ajustes feitos para superar os obstáculos que impedem a obtenção dos resultados esperados, seja no âmbito global do sistema, no âmbito local dos estabelecimentos escolares, ou ainda no âmbito de uma região.

Se vários atores (professores, pais, autoridades escolares) aceitam a idéia de que uma definição centralizada dos padrões, combinada com medidas de avaliação adequadas, é indispensável para manter e melhorar a qualidade do sistema escolar, a experiência mostra, porém, que se trata de uma exigência que não apenas é difícil de impor, mas que também produz seu cortejo de efeitos inesperados e muitas vezes perversos.

A difícil apropriação coletiva dos objetivos

Em geral, os objetivos são interpretados e incorporados de maneira muito diferente, conforme as competências profissionais existentes e o contexto social e cultural do estabelecimento. Habituados a "seguir programas", são poucos os professores que ainda têm o hábito e a competência de examinar a fundo os objetivos de formação para conceber os melhores dispositivos pedagógicos e estruturais e, assim, possibilitar que seus alunos avancem nesse sentido.

A maioria dos professores reclamará da amplitude dos objetivos, exprimindo, na realidade, sua angústia diante do fato de que esses objetivos, embora sejam claros e precisos, não dizem nada sobre o caminho a seguir para alcançá-los. Eles se sentirão profundamente inseguros pela falta de ferramentas e de competências para planejar e comandar os percursos de formação sem percorrer os passos de um programa. Além disso, continuarão enfrentando problemas cotidianos, cuja urgência e relevância socioemocional levam-no, muitas vezes, a objetivos de aprendizagem de longo prazo (Perrenoud, 1999).

A programação das aprendizagens: um novo desafio

Não basta compreender os objetivos e saber desmembrá-los para ser capaz de traduzi-los em seqüências de aprendizagem, em dispositivos pedagógicos eficazes e, inclusive, para identificar de imediato os ajustes que permitirão suprir alguns déficits. Nessa perspectiva, a maior parte dos sistemas escolares está reorganizando os percursos de formação segundo ciclos plurianuais, de modo a obter prazos realistas para *garantir as competências essenciais*.

Nessa nova distribuição, os planos de estudo não mais prescrevem o que os professores devem ensinar, e sim o que os alunos devem aprender. Não com o objetivo de "dar tempo ao tempo" e esperar passivamente que "as aprendizagens desabrochem", mas ao contrário, pois o desafio consiste em considerar o ciclo com um espaço-tempo disponível para possibilitar que os alunos alcancem os objetivos determinados; por um lado, organizando o tempo disponível segundo a aquisição e a trajetória de cada aluno e, por outro, centrando o ensino no *essencial* a fim de poder diversificar as trajetórias e flexibilizar os planejamentos.

Assim, muitos sistemas combinaram ciclos e definição de objetivos de aprendizagem nessa lógica do *essencial*. Conseqüentemente, vários professores não se contentam mais em seguir o programa, desenvolvendo, individualmente ou em colaboração com seus colegas de ciclo, dispositivos que proporcionem a *cada aluno* um máximo de oportunidades de desenvolver saberes e competências. Esses professores, em geral, acolhem de forma bastante favorável a idéia de uma obrigação de resultados e as práticas de avaliação que ela implica, pois acreditam que a mesma faz parte de seu contrato "moral", que os obriga a se dar conta e a dar conta a outro das ações empreendidas e dos resultados obtidos. Também esperam poder utilizar os dados da avaliação para "corrigir o alvo", por exemplo, quando percebem que, apesar dos esforços investidos, seus alunos não avançam tanto quanto os de outros estabelecimentos. Porém, eles só assumirão essa atitude serena e confiante se admitirem que a responsabilidade da programação é sua e que, por conseguinte, precisam mobilizar todos os meios

As competências para ensinar no século XXI **75**

possíveis para responder às seguintes questões: Que prioridades devemos eleger para que nossos alunos obtenham as competências visadas no fim do ciclo? Que situações de aprendizagem devemos propor-lhes? Que ajustes devemos fazer?

Quando essas preocupações dão lugar ao temor de serem julgados e comparados a outros estabelecimentos escolares, há fortes chances de que a obrigação de resultados seja acolhida como uma exigência insuportável e inadmissível.

A relação entre desenvolvimento da qualidade e obrigação de resultados

Naturalmente, toda política de mudança centrada no desenvolvimento da qualidade visa, ao final, a melhorar os resultados. Mesmo quando a ênfase recai no processo, mesmo quando os diferentes parceiros (políticos, práticos, pais, etc.) admitem que ainda é preciso tatear mais e que não se pode cobrar uma melhoria em curto prazo, eles exigirão a prova de que os esforços investidos foram coroados de êxito. Do contrário, desejarão saber por que não foram bem-sucedidos. Para prever os ajustes pertinentes ou simplesmente para "preservar o moral", desejarão "ler" os resultados de suas ações. Eles precisarão de critérios de referência para compreender melhor o impacto das condutas empreendidas, para identificar os fatores que lhes permitiram ou que os impediram de "fazer a diferença", para identificar as competências adquiridas e para corrigir as disfunções persistentes ou novas.

Para assumir o comando operacional em nível de estabelecimento escolar de forma eficaz, centrada, durável e econômica, não basta que seus autores cooperem e transformem suas práticas. Eles devem conhecer o impacto dos dispositivos de ensino-aprendizagem que põem em prática para possibilitar o progresso de seus alunos (Strittmatter, 2000), bem como as incidências de sua ação pedagógica, a fim de poder determinar os ajustes necessários.

Contudo, não se pode confundir obrigação de resultados e desenvolvimento da qualidade. Este último compreende ainda outras medidas, como a elaboração de um projeto de estabelecimento, a instauração de uma cultura de cooperação profissional, a gestão de planos de carreira, a exploração ótima dos recursos humanos e materiais existentes. A obrigação de resultados pode servir a fins de controle (com relação a normas prescritas), de legitimação (por exemplo, para suscitar a confiança no plano político) e de sanção (por exemplo, no quadro de decisões a serem assumidas em matéria de dispensa de pessoal ou do fechamento de estabelecimentos), fins que, cada um em si, se afastam do objetivo essencial: fazer com que os alunos aprendam melhor.

Uma obrigação de resultados que faça sentido aos olhos das partes interessadas estará fundamentada, conseqüentemente, em todo um conjunto de acordos que levam ao reconhecimento da validade e da confiabilidade dos procedimentos de avaliação. Para que os professores participem voluntariamente do levantamento e da análise dos dados, para que aceitem os resultados da avaliação e modifiquem suas práticas em conseqüência disso, é indispensável que estejam convencidos de que as condutas empreendidas não se voltarão contra eles.

Prioridade da auto-avaliação ou prioridade da avaliação externa?

A maior parte dos regulamentos suprime – de forma mais ou menos consciente e mais ou menos aberta – as diferenças entre auto-avaliação e avaliação externa, presumindo que se trata de suas condutas que se complementariam harmoniosamente. A realidade mostra, ao contrário, que essa complementaridade pacífica não existe e que a tendência vai mais no sentido de jogar uma contra a outra:

a) Desde que as autoridades políticas imponham uma avaliação externa, a auto-avaliação rapidamente se tornará uma "preliminar" da avaliação externa. Os estabelecimentos envolvidos tentam decodificar as expectativas dos avaliadores externos e formatam a auto-avaliação nessa linha. A probabilidade dessa estratégia de antecipação será tanto mais forte quanto a avaliação externa combinar-se com outras sanções, ou quando as autoridades escolares impuserem a avaliação externa devido à incapacidade ou à recusa de um estabelecimento escolar de fazer uma auto-avaliação válida e confiável.

b) Um estabelecimento escolar, ao qual se imponha uma avaliação externa para "ajudá-lo" a estipular seus limites, evidentemente será constrangido a demonstrar que está "acima de qualquer suspeita": ele tentará produzir uma coerência total entre avaliação externa e interna. Essa desvalorização da auto-avaliação é reforçada quando as medidas de controle externo são sistematicamente reconhecidas como mais válidas e confiáveis (que a auto-avaliação), em particular em caso de litígio.

c) Pode ocorrer também o inverso, quando os professores recusam sistematicamente os resultados produzidos pela avaliação externa...

Que interpretação de resultados para quais ajustes?

A obrigação de pôr em evidência os resultados das ações empreendidas, independentemente de estes terem sido estabelecidos pela auto-avaliação ou pelas avaliações externas, nunca deixa indiferente e jamais deixa de ter conseqüências. Na falta de uma compreensão clara de suas finalidades e de seus modos de ajuste, a obrigação de resultados pode implicar todo um conjunto de efeitos perversos:

- valorização excessiva da confiabilidade e da validade dos procedimentos de avaliação e de seus efeitos;
- invasão das escolas por inumeráveis testes de conhecimentos;
- convicção das autoridades de que toda concessão de recursos ou de liberdades terá de ser submetida agora a uma avaliação estrita dos efeitos, ignorando ostensivamente o fato de que os projetos mais ambiciosos, com certeza, só serão produzidos a longo prazo;
- desenvolvimento de uma atitude inutilmente crítica por parte dos pais, que só discordam dos aspectos mais "visíveis" da ação pedagógica que a avaliação colocará em evidência;
- incitação dos diretores de estabelecimento escolar a definir objetivos não-realistas e de muito curto prazo para afirmar sua reputação de "condutores de homens e de mulheres" competentes;
- encorajamento dos quadros mais zelosos para que promovam uma caça aos "culpados", em vez de adotar uma postura sistêmica e de buscar as causas do sintoma;
- consideração dos aspectos mais fáceis de captar, mas, ao mesmo tempo, os menos interessantes da educação: por exemplo, é mais simples avaliar certos aspectos dos saberes disciplinares, ao passo que o acesso às competências transdisciplinares – embora indispensáveis – continua difícil.

Temores, vacilações e incompetências

Admitindo-se os efeitos perversos que a obrigação de resultados pode produzir, ele induz rejeições completamente "viscerais" ou irracionais, as quais se manifestam tanto para cima como para baixo.

Para cima, elas são vinculadas à dificuldade de circunscrever a verdadeira função (formativa, cumulativa, informativa?) da avaliação institucional: trata-se de compreender melhor as razões das (dis)funções, ou de perseguir e sancionar seus responsáveis? Quem será informado, até onde irá a preocupação e a obrigação de transparência das autoridades e mesmo a vontade de saber dos públicos interessados (pais, associações de professores e de pais, etc.)? Até que ponto as partes envolvidas participarão das decisões relacionadas aos ajustes? Está muito claro: a compreensão insuficiente das apostas e dos procedimentos, que se alia aos temores e às culpas difusas, corre o risco de nutrir fantasmas que, com freqüência, levam a "jogar fora o bebê com a água do banho": em vez de buscar procedimentos mais eficazes, fecha-se ao diálogo e foge-se do problema.

Para baixo, as rejeições manifestam-se, sobretudo ao serem publicados os resultados. Quando são inaceitáveis por serem maus, logo desencadeiam todo um cortejo de racionalizações: minimização, desconfiança quanto à pertinência das ferramentas de mensuração e dos métodos de análise, evocação de eventuais desvios quando da aplicação de testes, etc. Quando são positivos, correm o risco de acalentar nos atores envolvidos a auto-satisfação e a falta de questionamento, ou até de induzir falsas impressões de estabilidade e de adesão aos objetivos oficiais, quando seria justamente necessário questionar sua maneira de "prender-se" a eles.

No entanto, os professores, em sua grande maioria, geralmente estão convencidos de que as ferramentas de captação e de análise hoje disponíveis não conseguem evidenciar a única variável interessante: o efeito da ação pedagógica. A essa postura de dúvida, no que se refere à pertinência das ferramentas, soma-se uma dificuldade suplementar: os professores e os quadros normalmente têm dificuldade de compreender os textos, os esquemas, as tabelas e os gráficos propostos pelos especialistas da avaliação externa. As estatísticas são consideradas indigestas, na medida em que só raramente são objeto de trocas com os autores. Assim, contenta-se em verificar os resultados referentes ao *seu* estabelecimento, em registrar com satisfação os resultados positivos, com decepção os menos favoráveis, e vira-se a página ...

Na situação atual da cultura da avaliação – que será sempre apenas o reflexo da cultura profissional –, a obrigação de resultados continua sendo uma "missão impossível" para os professores.

Os efeitos secundários: desgaste e falta de entusiasmo

Além dos desdobramentos anteriores, atualmente, várias pesquisas constatam limites de uma pilotagem que investe demais na avaliação. Elas mostraram principalmente que a proliferação de testes centrados nos saberes disciplinares não produz os efeitos esperados, o que foi amplamente demonstrado nos diversos sistemas anglófonos operados por pioneiros nesse campo (Fiske e Ladd, 2000; Henriot-Van Zanten, 2000, 2001). Hargreaves

As competências para ensinar no século XXI **79**

e colaboradores (2001) mostram como no Canadá anglófono, que está muito à frente nesse campo, a obrigação de resultados e seu cortejo de testes produziram efeitos de desgaste dos usuários, que são claramente mais importantes que a melhora dos resultados dos alunos!

Por outro lado, a avaliação dos resultados não pode por si só definir soluções. A precisão das medidas, mesmo quando são complementadas por dados qualitativos, deixa muito a desejar, já que a administração de testes está sujeita a vários imprevistos. Alguns professores interpretam mal as diretrizes; outros dão "uma mão" a seus alunos se percebem que certos itens das provas são incompreensíveis ou não foram suficientemente trabalhados em aula; outros ainda subestimam certas informações, por esquecimento, desatenção ou voluntariamente, segundo as apostas do momento, que dependem em grande parte de seus temores de serem expostos a críticas ou sanções, tanto por seus colegas quanto por seus superiores.

Os resultados dessas avaliações externas raramente são acolhidos com entusiasmo. Para começar, eles chegam às escolas com um grande atraso, em um momento no qual alunos e professores já estão "em outra parte", avançaram, ultrapassaram os problemas observados e têm a nítida impressão de que os dados colocados à sua disposição servem apenas como uma vaga confirmação de suas intuições.

Apenas uma minoria de estabelecimentos escolares tem as competências suficientes para utilizar e interpretar conscientemente os *feedbacks* obtidos, de modo a introduzir, a partir deles, os ajustes necessários. E apenas uma parte dos quadros demonstra competência e obstinação suficientes para fazer valer sua utilidade e pertinência junto aos professores, geralmente na defensiva e pouco inclinados a conceder os esforços exigidos. Pior: quando os resultados produzidos pela avaliação externa estão em forte contradição com as representações dos atores envolvidos e quando estes não conseguem identificar as fontes de tais dissonâncias, as incompreensões e o desânimo que resultam disso podem dificultar ou paralisar as evoluções espontâneas que mal começam a se produzir.

Para resumir: a obrigação de resultados, em vez de contribuir para melhorar a qualidade da escola, corre o grande risco de rebaixá-la e de desencorajar as pessoas da escola a enfrentar os verdadeiros desafios. Ela é *insuportável* para todos aqueles que defendem uma abordagem claramente construtivista para desenvolver a qualidade da escola, que significa tatear, interagir, participar, negociar, coletivizar, buscar novas soluções, enfim, gerir melhor e desenvolver os recursos materiais e as competências humanas existentes (Gather Thurler, 1994, 2001b; Guba e Lincoln, 1990; Perrenoud, 1996, 1998, 2001). Essa abordagem exige que a avaliação seja compreendida e concebida mediante os seguintes princípios e postulados:

- a realidade escolar resulta de um consenso social e não de fatos;
- os fatos adquirem sentido somente a partir de um quadro de referência partilhado;
- as causas e os efeitos não existem fora desse quadro de referência partilhado;
- um fenômeno só é compreensível e válido no contexto em que foi observado, e as constatações não podem ser generalizadas;
- as observações não são estáveis: elas são afetadas pela cultura local e também as afetam;
- a mudança é um processo não-linear e não pode ser armada como um mecanismo;
- a avaliação produz dados que associam fatos, representações e valores;
- a obrigação de prestar contas é um dever que se insere na responsabilidade coletiva, e não na responsabilidade individual, de um professor específico;
- os que avaliam são parceiros subjetivos, que precisam orquestrar o processo de negociação de sentido;
- os dados de avaliação – tanto interna quanto externa – não têm em si estatuto especial de legitimidade, mas representam um dos aspectos de uma construção de sentido e de consenso.

Apenas aceitando e incorporando esses princípios é que os sistemas educacionais poderão incorporar a obrigação de resultados, sem para isso imobilizar-se em um perfeccionismo *pontual e estático*. É nesse sentido que defenderei, no próximo item, uma redefinição do desenvolvimento da qualidade e da avaliação institucional que, antes de tudo, deveriam ser postas a serviço da *gestão dos saberes profissionais* e da transformação da escola em organização aprendiz.

DA OBRIGAÇÃO DE RESULTADOS
À TRANSFORMAÇÃO DA ESCOLA
EM ORGANIZAÇÃO APRENDIZ

Independentemente dos problemas ligados à confiabilidade das medidas, que certamente são reais, mas podem ser resolvidos, o verdadeiro debate em torno da qualidade da escola e das melhores abordagens pedagógicas e estruturais para desenvolvê-la de fato ainda não ocorreu. Nesse debate, um dos maiores desafios continua sendo a profissionalização dos professores e sua relação com a autoridade escolar à qual eles devem pres-

As competências para ensinar no século XXI **81**

tar contas, isto é, a articulação entre os comandos operacional e estratégico que já descrevi anteriormente.

Já tentei mostrar antes (Gather Thurler, 2000a) que um estabelecimento mais autônomo é apenas *potencialmente* uma entidade favorável à mudança, pois tudo depende de sua evolução conforme as seguintes dimensões: modo de organização do trabalho, mais ou menos burocrático, cooperação cada vez mais profissional; identidade coletiva e cultura comum sempre explicitada; modalidades de exercício do poder e da *leadership* que favorecem a responsabilização (*empowerment*) dos atores; capacidade de se mobilizar em torno de um projeto. Nessa perspectiva, idealmente, um estabelecimento escolar capaz de produzir resultados seria um conjunto organizado de profissionais que assumem coletivamente as seguintes responsabilidades:

- desenvolver os melhores dispositivos de ensino-aprendizagem a fim a ajudar os alunos a alcançar os objetivos fixados para o final de seu ciclo de estudos;
- identificar continuamente as mudanças estruturais e pedagógicas necessárias para integrar as novas metodologias;
- instaurar um clima e uma organização do trabalho que permitam explorar e desenvolver de maneira ótima as *competências individuais e coletivas* existentes;
- estabelecer redes de trocas (tanto internas quanto externas) que permitam a cada um debater suas escolhas e enriquecer suas ferramentas e competências.

Ao invés de impor, de imediato, às escolas a obrigação de resultados, conviria ajudá-las a gerir melhor e a ampliar os saberes profissionais existentes. No entanto, se consideramos que o saber está sempre ligado a pessoas e que ele depende de experiências e culturas locais, fica evidente que não se pode contentar-se com uma simples "troca" de saberes, sendo necessário engajar os atores envolvidos em um processo de aprendizagem coletiva, no qual uns aprendam com os outros e o conjunto constitui um desafio importante.

Aprender uns com os outros...

Os saberes que os professores desenvolveram geralmente são gerados com muito pouco cuidado. Nos estabelecimentos escolares, não existe o hábito de descrever e analisar os processos em curso; nunca se avaliam as experiências coletivas vividas no quadro de projetos pedagógicos, muito menos elas são capitalizadas mediante escritos; os "aficionados" da formação contínua apenas excepcionalmente são chamados a partilhar seus novos saberes; até mesmo o intercâmbio de estratégias para resolver certos problemas e de novas ferramentas não ocorre com facilidade em toda parte. Em outras palavras, embora as escolas tenham aprendido muito, embora se ocultem nelas tesouros de saber, elas não os conhecem e apenas raramente se munem dos meios para descobri-los. Por quê? Porque os professores não querem admitir que podem aprender uns com os outros, porque não se dispõem a reconhecer reciprocamente suas competências.

Na grande maioria das culturas escolares, fortemente impregnadas pelo mito da igualdade, clama-se em alto e bom som que os professores são e devem ser "parceiros". Esse mito impede-os de ver suas diferenças. Os que se propõem a "mostrar" suas práticas logo suscitam a suspeita de estar querendo destacar-se. A maioria dos estabelecimentos escolares não tem nenhuma experiência quando se trata de partilhar saberes e experiências vividas; eles não sabem fazer um levantamento de dados sistemático, nem tirar proveito de suas experiências. Ao invés de se valer de recursos internos, em geral, prefere-se recorrer a especialistas externos, cujas propostas serão rejeitadas tão logo se constata que elas estão muitos distantes dos problemas e das necessidades locais ou, ao contrário, são muito ameaçadoras...

Os resultados devem ser antes de tudo investidos de significado

O debate sobre a obrigação de resultados corre o risco de produzir uma fixação nos indicadores externos que é inteiramente contrária a todas as teorias modernas da ação, as quais colocam no primeiro plano o ator e suas representações. Portanto, levar a sério as teorias recentes da ação coletiva e da avaliação significaria começar a fazer auto-avaliações nos estabelecimentos escolares, o que permitiria criar de imediato um clima de abertura, de transparência, de autocrítica e de disponibilidade para a discussão. A auto-avaliação poderia fundamentar-se simplesmente nas três questões seguintes:

- Como estamos indo?
- Como sabemos?
- Que ajustes faremos?

Provavelmente, somente a partir desse início de auto-avaliação será possível instaurar um debate *aberto* em torno de um conjunto de práticas escolares que ainda fazem parte dos "tabus" da escola. Somente as equipes que são mais avançadas na auto-avaliação e que criaram o hábito de não ocultar suas dúvidas e seus "fracassos", bem como de preparar juntas seqüências de ensino-apreendizagem, de analisar seus impactos nos alunos e de buscar as razões dos avanços ou dos fracassos, é que terão possibilidade de empreender a etapa seguinte: procurar dar sentido aos dados produzidos no contexto de provas padronizadas e externas.

A avaliação externa interviria apenas em um segundo momento e seria feita em forma de *diálogo* com os atores envolvidos.

A análise das práticas como ajuste corriqueiro

A escola aprende quando a postura do prático reflexivo torna-se corriqueira, quando a análise das práticas e dos funcionamentos está na origem de todo ajuste. Desde os trabalhos de Schön (1983, 1987), conhecemos a importância da reflexão *sobre* e *na* ação. No centro dessa abordagem, está o direito que o sistema escolar concede-se, o direito que concede a seus membros, de manifestar sentimentos de surpresa, de curiosidade e até mesmo de confusão diante de situações novas. Também está o direito de recuar para refletir sobre os fenômenos com os quais se confrontam os práticos, de pôr em questão as representações que, até o presente, orientaram a ação de uns e de outros. Quando os professores passam a refletir sobre suas práticas, tornam-se "pesquisadores" no interior de sua prática. Eles tomam distância em relação às categorias habituais de pensamento, em relação às rotinas defensivas que emergem quando se deparam com situações que temem não conseguir dominar (Garvin, 2000; Senge, 2000).

O planejamento mediante cenários flexíveis

A escola aprende quando, em vez de investir energia em um planejamento detalhado e perfeito, investe em um planejamento mais maleável e evolutivo. Olhando para a aula, observa-se, por exemplo, que grande parte da ação pedagógica dos professores ainda é orientada pela crença de que um planejamento detalhado é não apenas necessário, como também possível. A popularidade dos planos de trabalho, as práticas de avaliação centradas em objetivos pontuais, a adesão às seqüências didáticas tradicionais, a visão linear e cumulativa dos programas de ensino e das medidas de ajuste são significativas: utiliza-se o planejamento mais para dominar a situação, para evitar os imprevistos, para estabelecer antecipadamente o desenrolar das aprendizagens do que para construir dispositivos que permitam a exploração de novas pistas.

No plano da gestão do estabelecimento escolar é a mesma coisa. A fragilidade da coesão dentro das equipes, a vacilação em se engajar em uma *leadership* cooperativa e transformadora, o medo de perder o controle levam as equipes pedagógicas a dar preferência a um planejamento em geral muito "estreito" e limitado a eventos pontuais; é raro aventurarem-se em cenários complexos, que, no entanto, permitiram desenvolver dispositivos de aprendizagem mais eficazes e inovadores. Quando elas se dão esse direito, enfrentam uma certa dificuldade em tornar compatíveis a reflexão sobre o processo e a obrigação de alcançar objetivos fixados, em tornar legíveis os efeitos obtidos, em produzir os elementos que lhe permitirão prestar contas.

Louis e Miles (1990) confirmam a importância de um bom planejamento para a mudança, porém chamam a atenção para o fato de que, por causa das pressões constantes e bastante diversas ou por causa dos desacordos internos quanto às prioridades, nenhum plano será pertinente por muito tempo se não evoluir. Nas escolas estudadas por esses autores, o planejamento precisava adequar-se permanentemente aos *acontecimentos inesperados* que obstruíam o caminho para o objetivo fixado.

Essa dificuldade de se ater a um planejamento detalhado não é exclusiva da escola, sendo observada na maioria das organizações humanas, compreendido o mundo empresarial. Tudo indica que um funcionamento segundo os princípios de um planejamento evolutivo, empreendido com base em uma evolução sistemática e em uma tomada de decisão consensual entre os atores, é mais favorável às necessidades do desenvolvimento da qualidade nos estabelecimentos escolares. Uma organização aprendiz sabe dosar as exigências, sabe determinar as zonas de desenvolvimento proximal, tanto no plano individual quanto coletivo. Ela é sensível à quantidade de esforços que se pode exigir dos diversos atores e evita induzir as reações de defesa habituais: dissimulação, discussão pela discussão, ativismo gratuito, fazer o novo com o velho, rejeições... Conseqüentemente, ela investe energia para desenvolver novos cenários, novas estruturas que favorecem a progressão dos indivíduos e a evolução dos coletivos.

PARA CONCLUIR...

As escolas dispõem de uma infinidade de saberes que permitiriam resolver os problemas que seus alunos apresentam e inovar as práticas pedagógicas. É claro que não é fácil ter acesso a esses saberes de uma só vez,

As competências para ensinar no século XXI **85**

porque a questão não é organizar mesas-redondas para possibilitar aos professores recitá-los. Partilhar saberes entre iguais requer dispositivos sutis.

Constata-se que a obrigação de resultados não é a melhor estratégia para possibilitar aos professores aprender a utilizar os saberes de outro, nem a tornar disponíveis seus próprios saberes. Gerir os saberes de maneira eficaz significa também ser capaz de conhecer as melhores estratégias apropriadas e econômicas para se munir dos saberes que faltam e, inclusive, de explorar melhor os dados produzidos no quadro de avaliações externas. Mas é claro que esses dados só poderão ser utilizados com bom senso se os atores souberem gerir os saberes existentes de maneira eficaz e competente (Davenport e Prusak, 1998; Stacey, 2001). A falta de confiança em suas próprias competências não permite tirar proveito das competências e perícias de instâncias externas.

NOTA

1. Em francês, *plan-cadre*: grosso modo, trata-se da *atribuição básica* de todos os estabelecimentos escolares de uma determinada ordem de ensino e, inclusive, do conjunto do sistema. Esse plano de referência não visa a prescrever os detalhes dos funcionamentos, mas apenas princípios básicos, de maneira a assegurar um espaço de autonomia aos estabelecimentos e às equipes de professores. Fundamenta-se em uma análise do existente e, geralmente, é definido tendo em vista produzir uma evolução sensível dos funcionamentos e das práticas profissionais dos professores e também dos quadros, demandando novos modos de controle e de observação. Seu emprego exige uma coerência muito firme e a sinergia de todas as forças da ordem de ensino em questão.

REFERÊNCIAS BIBLIOGRÁFICAS

ALTER, N. Organisation et innovation. *Sciences Humaines: "Comprendre les organisations"*, Hors Série, n.20, p.56-57, 1998.
————— . *L'innovation ordinaire*. Paris: PUF, 2000.
BASCIA, N.; HARGREAVES, A. (eds*). The sharp end of educational change - technopôle, leader and the real time of reform*. London: Routledge Falmer, 2000.
CONAN, M. *L'évaluation constructive - Théorie, principes et éléments de méthode*. La Tour d'Aiguës: Éditions de l'Aube, 1998.
DAVENPORT, T.H.; Prusak, L. *Working knowledge - how organizations manage what they know*. Boston: Harvard Business School Press, 1998.
DÉROUET, J.-L. *L'école dans plusieurs mondes*. Bruxelles: De Boeck, 2000.
DUTERCQ, Y. *Politiques éducatives et évaluation: querelles de territories*. Paris: PUF, 2000.

EARL; KATZ. Changing classroom assessment: teachers' struggles. In: BASCIA, N.; HARGREAVES, A. (eds.). *The sharp end of educational change - teaching, leading and the realities of reform.* London: Routledge Falmer, 2001.

FISKE, E.B.; LADD, H.F. Nouvelle-Zélande: les exclus de l'école néo-libérale. *Le Courrier de l'UNESCO*, p.33-34, nov. 2000.

GARVIN, D.A. *Learning in action: a guide to putting the learning organization to work.* Boston: Harvard Business School Press, 2000.

GATHER THURLER, M. L'efficacité des établissements ne se mesure pas: elle se construit, se négocie, se pratique et se vit. In: CRAHAY, M. (ed.). *Problématique et méthodologie de l'évaluation des établissements de formation.* Bruxelles: De Boeck, 1994. p.203-224.

_____ . Manager ou développer la qualité de l'école. In: VANETTA, F. (dir.). *À proposito di qualità nella scuola. Atti del Seminario tenuto al Monte Verità.* Ascona, il 5 e 6 dicembre 1996, Bellinzona: Ufficio studi e ricerche, 1997.

_____ . Au-delà de l'innovation et de l'évaluation: instaurer un processus de pilotage négocié. In: DEMAILLY, L. (ed.). *Evaluer les politiques éducatives.* Bruxelles: De Boeck, 2000.

_____ . *Inovar no interior da escola.* Porto Alegre: Artmed, 2001a.

_____ . L'autoévaluation de l'établissement scolaire comme moteur du changement, Actes du colloque " *Réguler, évaluer, décider dans les systèmes scolaires* ", organisé par l'Institut Universitaire de Formation des Maîtres les 6, 7 et 8 avril 2000 à Lyon, à paraître, 2001b.

GUBA, E.-G.; LINCOLN, Y.-S. *Fourth generation evaluation.* Newbury Park: Sage, 1990.

HARGREAVES, A. et al. *Learning to change: teaching beyond subjects and standards.* San Francisco: Jossey-Bass, 2001.

HENRIOT-VAN ZANTEN, A. Politiques, structures et savoirs: l'exemple des réformes en Grande-Bretagne. In: RUANO-BORBALAN, J.C. (dir.). *Savoirs et compétences en éducation, formation et organization.* Paris: Éditions Demos, 2000.

_____ . Le rôle des évaluations dans les stratégies concurrentielles des établissements et dans les stratégies de choix des parents en France et en Grande-Bretagne. In: DEMAILLY, L. (dir.). *Évaluer les politiques éducatives.* Bruxelles: De Boeck Université, 2001. p.31-46.

LOUIS, K.S.; MILES, M.B. *Improving the urban high school. What works and why.* New York/London: Teachers College Press, 1990.

MARITZEN, N. *Schulprogramm, interne und externe evaluation: bausteine für ein ganzheitliches Konzept.* Hamburg: Bildungsverwaktzbg, 1998.

PERRENOUD, Ph. L'évaluation des enseignants: entre une impossible obligation de résultats et une stérile obligation de procedure. *L'Éducateur*, n.10, p.24-30, 1996.

_____ . Évaluer les réformes scolaires est-ce bien raisonnable? In: PELLETIER, G.; CHARRON, R. (ed.). *L'évaluation institutionnelle de l'éducation: défi, ouverture et impasse.* Montréal: Editions AFIDES, 1998.

_____ . *Enseigner: agir dans l'urgence, décider dans l'incertitude.* 2.ed. Paris: ESF éditeur, 1999. (Em português: *Ensinar: agir na urgência, decidir na incerteza.* Porto Alegre: Artmed, 2001.)

————— . L'établissement scolaire entre mandat et projet : vers une autonomie relative. In: PELLETIER, G. (ed.). *Autonomie et évaluation des établissements: l'art du pilotage au temps du changement.* Montreal: Ed. de l'Afides, à paraître, 2001.

SCHÖN, D. *The reflective practitioner. How professionals think in action.* London: Temple Smith, 1983. (Em português: *O profissional reflexivo.* Porto Alegre: Artmed, 1998.)

SCHÖN, D. *Educating the reflective practitioner: toward a new design for teaching and learning in the profession.* San Francisco: Jossey Bass, 1987.

SCHRATZ. Bildungsmanagement und Steuerung. In: RÖSNER (ed.). *Schulentwicklung und Qualität.* Dortmund: IFS-Verlag, 2000.

SENGE, P.M. et al. *Schools that learn.* New York: Double Day, 2000.

STACEY, R.D. *Complexe responsive processes in organizations: learning and knowledge creation.* New York: Routledge, 2001.

STRITTMATTER, A. L'autoévaluation dans les établissements scolaires et le rôle des autorités scolaires. In: DEMAILLY, L. (dir.). *Evaluer les politiques éducatives.* Bruxelles: De Boeck, 2000.

VANDENBERGHE, R.; HUBERMAN, M. *Teacher burnout.* London: Cambridge University, 1999.

4

O Desenvolvimento Profissional dos Professores: Novos Paradigmas, Novas Práticas

Monica Gather Thurler

As reformas atuais confrontam os professores com dois desafios de envergadura: reinventar sua escola *enquanto local de trabalho* e reinventar a si próprios *enquanto pessoas e membros de uma profissão*. A maioria deles será obrigada a viver agora em condições de trabalho e em contextos profissionais totalmente novos, bem como a assumir desafios intelectuais e emocionais muito diversos daqueles que caracterizavam o contexto escolar no qual aprenderam seu ofício.

Isso significa que, daqui para frente, eles precisarão não apenas pôr em questão e reinventar práticas pedagógicas, como também reinventar suas relações profissionais com os colegas e a organização do trabalho no interior de sua escola. A introdução de novos objetivos de aprendizagem e de novas metodologias de ensino não lhes permitirá mais organizar seu ensino em torno de uma sucessão rígida de lições e fichas de trabalho, e sim os obrigará a inventar permanentemente arranjos didáticos e situações de aprendizagem que respondam melhor à heterogeneidade de necessidades de seus alunos. A implantação de ciclos de aprendizagem os incitará a inventar novos funcionamentos, mais flexíveis e maleáveis que a atribuição fixa de aulas a uma única pessoa; eles terão de dar cabo do "meu e minha classe" e da divisão tradicional do trabalho para poder utilizar melhor e pôr em sinergia as competências existentes. Porém, trata-se de uma verdadeira revolução para os professores, que até então preferiam cultivar o individualismo e que apenas raramente conseguiam cooperar de maneira eficaz.

Para ter êxito nessa operação difícil e delicada, hoje sabemos que é primordial que os professores não sejam mais vistos como indivíduos em formação, nem como executores, mas como atores plenos de um sistema que eles devem contribuir para transformar, no qual devem engajar-se ativamente, mobilizando o máximo de competências e fazendo o que for preciso para que possam ser construídas novas competências a curto ou médio prazo. Como parceiros tanto das autoridades políticas quanto das instâncias de pesquisa, eles se empenham coletivamente na definição de problemas, na exploração de soluções possíveis e em sua avaliação. Na medida em que eles são designados – ou se designam – como iniciadores do processo de mudança, transformam – ou mesmo sublimam – suas necessidades, seus problemas, sua nostalgia e seus objetivos pessoais, formulando projetos coletivos e investindo em sua implementação. Em contrapartida, sentem-se no direito de serem levados a sério como parceiros, aceitos em suas particularidades, sejam individuais ou coletivas.

Apesar da evolução das denominações e dos princípios de gestão dos sistemas escolares, em torno dos quais se movimentam os diversos atores do sistema para orientar, modificar, manter, defender conquistas ou controlar áreas de influência e de decisão, permanecem os mesmos obstáculos: *como captar e gerir, em sua complexidade e no detalhe,* os processos de transformação dos sistemas educacionais, a começar pelas representações e práticas dos diversos atores. Constata-se, assim, que os problemas a serem resolvidos evoluem menos que a linguagem que os designa e que os obstáculos não serão superados por uma reforma fulgurante, mas por um paciente trabalho no terreno, que as sucessivas reformas devem apenas legitimar e apoiar, nunca substituir ou decretar.

Diante dessas exigências, as atuais modalidades pelas quais os sistemas escolares organizam a formação contínua dos professores mostram-se bastante ineficazes. Ainda que sejam complementados, na melhor das hipóteses, por algum tipo de acompanhamento, ainda que estejam inseridos em um projeto de formação coletiva no âmbito de um estabelecimento escolar ou de uma rede ampliada, esses dispositivos atuais restringem-se, na maioria das vezes, a algumas seções de formação, concentradas em três ou quatro dias, ou seis a oito jornadas parciais durante o ano escolar, e visam, quase que exclusivamente, à adoção por parte dos professores de

As competências para ensinar no século XXI **91**

modelos didáticos e pedagógicos pontuais e precisos que, ou não correspondem nem às suas prioridades, ou exigiriam um esforço, sustentando para evitar a mera "colagem" sobre práticas preexistentes.

De fato, constata-se que esse tipo de dispositivo apenas excepcionalmente consegue operar as transformações necessárias, na medida em que eles próprios fundamentam-se nos mesmos princípios que deveriam ajudar a superar: centralidade dos saberes pontuais, ao invés de construção de competências complexas; dispositivos baseados essencialmente na transmissão, ao invés de condutas assentadas em situações-problema e na ativação dos aprendizes...

As variantes possíveis remetem a uma concepção muito mais ampla da formação contínua, que compreende um conjunto de formas de interação e de cooperação possíveis entre pesquisadores, formadores e professores, suscetíveis de favorecer a pesquisa-ação, a prática reflexiva e a profissionalização interativa, de estimular a sinergia das competências profissionais de todos, permitindo identificar novos questionamentos que prepararão as reformas seguintes.

É nesse sentido que, desde os anos 90, fala-se em *profissionalização dos professores* e dos quadros, sendo que a inovação insere-se progressivamente no cenário de um *desenvolvimento duradouro*, ao mesmo tempo profissional e organizacional. Usarei aqui *desenvolvimento escolar*, tradução imperfeita de *school development* ou simplificação funcional, mas, às vezes, ambígua, de *desenvolvimento de organizações e práticas no campo escolar*.

Na primeira parte, argumentarei, com base em várias pesquisas recentes, que, para resolver os problemas enfrentados atualmente pelos sistemas escolares, é imprescindível substituir a inovação pontual por um processo de *desenvolvimento escolar* duradouro que:

- obtenha os meios para melhor identificar e levar em consideração as conquistas e os recursos materiais e humanos existentes, em vez de reinventar a roda (criar redes);
- consiga comprometer o conjunto de atores envolvidos em uma exploração coletiva e cooperativa, fundada na análise e no desenvolvimento de práticas.

Na segunda parte, tentarei apresentar um modelo do desenvolvimento profissional que situa as condutas atuais da formação contínua em uma complementaridade construtiva.

DA INOVAÇÃO DO DESENVOLVIMENTO ESCOLAR

A reorganização por ciclos de aprendizagem e a reivindicação de projetos de estabelecimento mais autônomos, tendências que se observam atualmente na grande maioria dos sistemas escolares, partem da idéia de que a forma escolar, com suas estruturas rígidas e fragmentadas, não permite levar em conta as necessidades cada vez mais diversificadas dos alunos. Essa reorganização fundamenta-se, em grande parte, em resultados empíricos (Gather Thurler, 2001a; Gather Thurler et al., 1999; Hargreaves et al., 2001; Henriot-Van Zanten, 2000; Lieberman e Miller, 2001; Louis e Kruse, 1995; Stokes, 2001), os quais evidenciam uma melhora significativa dos desempenhos dos alunos nos estabelecimentos escolares em que os professores:

- desenvolvem pontos de vista comuns quanto à maneira como seus alunos aprendem;
- engajam-se em uma ação coletiva para pôr em prática esses pontos de vista comuns;
- assumem coletivamente a responsabilidade pela progressão de seus alunos;
- unem-se para envolver os alunos no processo de desenvolvimento;
- desenvolvem uma competência coletiva de cooperação (Le Boterf, 2000) que permite transformar, no dia-a-dia, a coerência e a eficácia dos dispositivos de aprendizagem oferecidos aos alunos;
- conseguem obter reconhecimento e, com isso, mais apoio por parte do ambiente da escola (pais, empresas, autoridades escolares e políticas, etc.);
- dispõem de recursos e franquias (margens de liberdade) geridos de maneira autônoma para conceber e implementar projetos de desenvolvimento que correspondam ao seu contexto local;
- são avaliados com base em um conjunto de indicadores: os usuais de desempenho, mas também o engajamento dos alunos, as competências profissionais individuais e coletivas dos professores, o ritmo e a eficácia da implementação dos projetos de estabelecimento.

O impacto limitado da formação contínua clássica

Nessa perspectiva de profissionalização das práticas, constata-se claramente que os princípios clássicos da formação contínua (catálogos de cursos nos quais os professores inscrevem-se se desejarem; formações pontuais sem vínculo com o projeto interno do estabelecimento escolar; con-

As competências para ensinar no século XXI **93**

cepção de curso em forma de *patchwork*,* sem um referencial de competências claramente definido; formação contínua que não é nem um pouco valorizada por terceiros) têm um impacto muito limitado e, de maneira geral, não contribuem para pôr em sinergia e expandir as competências individuais e coletivas existentes (Woods et al., 1997).

Em uma perspectiva sistêmica, o desenvolvimento escolar insere-se em um conjunto de condutas e posturas sem as quais a autonomia dos estabelecimentos escolares permanece vazia de sentido, em que tudo depende de sua evolução conforme as seguintes dimensões: modo de organização do trabalho, mais ou menos burocrático; grau de cooperação profissional; identidade coletiva e extensiva da cultura comum; modalidades de exercício do poder e da *leadership*; capacidade de se mobilizar em torno de um projeto; vontade e capacidade de transformar o estabelecimento escolar em organização aprendiz (Gather Thurler, 2001a).

Na medida em que a eficácia da ação pedagógica dependerá cada vez mais das competências individuais e coletivas dos professores - e, antes de tudo, do estabelecimento em sua totalidade - de desenvolver respostas diferenciadas frente à heterogeneidade dos alunos e à complexidade de seu contexto de trabalho, é óbvio que o *know-how* necessário para transformar as práticas pedagógicas não pode ser oferecido em forma de módulos de formação prontos para usar.

A autonomia do estabelecimento escolar supõe que todos os seus atores sintam-se responsáveis não apenas pelos resultados de seus alunos, mas também por seu *próprio* desenvolvimento profissional, o qual está estreitamente vinculado à concepção e à implementação do projeto do estabelecimento. Explicitando e confrontando seus pontos de vista, explorando coletivamente novas vias pedagógicas, avaliando de forma contínua a progressão de seus alunos e verificando a pertinência e a coerência das abordagens escolhidas, os diversos atores são levados a mobilizar e a desenvolver permanentemente novos saberes, entre os quais *saberes de inovação* (Gather Thurler, 1999).

Derouet (1989) insiste no fato de que as diferenças entre os estabelecimentos escolares não são unicamente conseqüência da descentralização. Elas resultam da maneira como cada estabelecimento construiu, ao longo dos anos, uma *cultura local* fundada em múltiplos ajustes (mais ou menos explícitos e negociados), visando a tornar compatíveis e justificar lógicas contraditórias: garantir a igualdade de tratamento, lutar contra o fracasso escolar, transmitir valores sociais adequando-se à evolução sociocultural e econômica, manter a qualidade do ensino, aprovar e selecionar segundo parâmetros

---

*N. de R. Em português: Colcha de retalhos.

Competências profissionais que faltam

Diante dessas lógicas contraditórias, os estabelecimentos escolares, em sua grande maioria, não dispõem dos recursos pedagógicos, didáticos e estruturais necessários. Se eles se atêm ao nível de exigência fixado pelos programas, se limitam o ensino estritamente à transmissão de saberes disciplinares, se praticam uma pedagogia frontal e uma avaliação essencialmente somativa e seletiva, se se contentam em empregar os meios didáticos mais correntes, eles marginalizarão uma parte de seus alunos. Se, ao contrário, levam em conta as necessidades dos alunos mais fracos, daqueles que precisam percorrer um caminho mais longo para construir o sentido das aprendizagens e para encontrar *sua* passagem nas diferentes disciplinas, correm o risco não apenas de se esgotar nessa tarefa, mas também de não dar mais prioridade ao acesso rápido dos alunos mais dotados às vias de excelência, com as pressões que se imagina por parte dos pais.

A solução "fácil", que consiste em se inserir exclusivamente em uma dessas lógicas, é adotada apenas por uma minoria de estabelecimentos escolares. Na maior parte dos casos, os estabelecimentos – e, dentro deles, os professores, considerados individual e coletivamente – adotam uma via *intermediária*, tomam certas liberdades com os programas e com os regulamentos, sem renunciar a toda exigência de qualidade. Diante da complexidade dos problemas e da necessidade de encontrar soluções rápidas, eles promovem a coexistência de métodos pedagógicos e de princípios de organização do trabalho muitas vezes contraditórios, sem questionar verdadeiramente suas fontes teóricas e os sistemas de valores subjacentes e sem assumir efetivamente a obrigação de dar conta das opções feitas, conduta que obrigaria no mínimo a explicitar e a debater seu sentido pedagógico, filosófico e sociopolítico (Derouet, 2000; Charlot, 2001).

O estabelecimento escolar só pode tornar-se um lugar onde a mudança é construída, coletiva e progressivamente, se os atores que dele fazem parte dispuserem de *margens de manobra* suficientes para conceber seu projeto e para inventar dispositivos suscetíveis de resolver os problemas encontrados. Essas margens de manobra, no início individuais (a autonomia de cada professor) e mais recentemente institucionais (a autonomia do estabelecimento), devem ser coletivizadas para aumentar o poder de ação. Imediatamente, a responsabilidade individual transforma-se em responsabilidade coletiva, e todos se vêem diante da obrigação de prestar conta de sua ação a seus colegas, do mesmo modo que o estabelecimento deve prestar conta ao sistema do uso de sua autonomia relativa.

As competências para ensinar no século XXI **95**

Como reflexo, essa evolução obriga o sistema a inventar novos procedimentos, de um lado, para assegurar que a autonomia concedida aos estabelecimentos não leve a uma diminuição da qualidade de formação e, de outro, para identificar claramente as necessidades dos estabelecimentos escolares, de modo a poder tomar as medidas de discriminação positiva que permitirão uma divisão eqüitativa dos meios disponíveis, em outras palavras, proporcional às necessidades e aos projetos (Gather Thurler, 2001b).

Porém, se esse tipo de raciocínio é tão convincente que permanece teórico, parece particularmente difícil implementá-lo concretamente. Os princípios da gestão participativa, como a diversidade, a independência, a autonomia, a cooperação, a prática do contrato e da avaliação, a transparência na informação, a negociação e o acordo, estão defasados em relação à cultura administrativa e profissional da maioria dos sistemas escolares, ainda fortemente enraizada no individualismo e em uma visão hierárquica dos procedimentos de gestão e de controle.

A "caixa-preta" da cooperação

Embora ela encabece a grande maioria das listas que enumeram as características das escolas eficazes, embora tenha sido designada como eixo principal de muitas reformas, a cooperação profissional dos professores continua sendo um enigma, uma espécie de "caixa-preta". Quando ela existe, parece contribuir para o êxito das ações pedagógicas e estruturais que os estabelecimentos escolares empreendem para melhorar os resultados de seus alunos. Quando ela não existe, não há receitas simples para instaurá-la. Dados recentes (Earl e Lee, 1998; GPR, 1999) fazem supor que a cooperação profissional nos estabelecimentos inovadores é construída em torno da combinação de *três fatores*: pressão, ação comum e energia. Em algumas escolas, a pressão pode fazer com que os professores sucumbam ao estresse quando não conseguem fazer frente às dissonâncias intelectuais e emocionais que são o pão de cada dia de todos os que percebem a defasagem entre objetivos visados e realidades cotidianas. Em outras, a combinação entre pressão e ação coletiva produz a energia necessária para explorar e instaurar de forma duradoura novas práticas, para ir ao fundo dos problemas. Finalmente, a consciência de que "a união faz a força" e de que é possível "fazer a diferença", procedendo com método e obstinação, impulsionará as escolas a se aventurarem ainda mais longe na espiral do desenvolvimento.

Por outro lado, várias pesquisas (Gather Thurler et al., 1999; Senge et al., 2000a, b; Stokes, 2001) mostram que as escolas nas quais os professores prepararam-se para enfrentar as incertezas e os conflitos que acompanham inevitavelmente toda mudança de práticas não apenas têm melhor desempenho, como também conseguem desenvolver progressivamente competências *coletivas* (Gather Thurler, 2001c; Le Boterf, 2001) que complementam e reforçam, geralmente de maneira espetacular, as competências individuais das pessoas, como, por exemplo:

- traduzir os objetivos do plano de estudo em dispositivos de aprendizagem;
- observar e gerir a progressão dos alunos por vários anos;
- desenvolver uma divisão do trabalho maleável e flexível;
- dosar os desafios em função das competências individuais e coletivas;
- engajar-se em uma exploração colaborativa;
- dominar os meios de acesso às ferramentas e aos recursos necessários;
- desenvolver uma cultura da avaliação visando a assegurar o desenvolvimento contínuo da qualidade;
- assumir coletivamente a responsabilidade pelos resultados e pelas transformações em curso;
- verificar permanentemente a coerência entre os objetivos declarados e as condutas adotadas.

Nessas escolas, o sentido da mudança é construído, de modo progresivo e interativo, em torno de uma percepção partilhada da urgência e da viabilidade de ações pedagógicas que permitam melhorar as aprendizagens dos alunos. Nelas, os professores conseguem desenvolver estratégias cada vez mais eficazes para analisar e resolver os problemas encontrados; quando lhes faltam idéias, eles dispõem de uma rede profissional bastante sofisticada, graças à qual terão acesso facil às ferramentas e às pessoas que poderão ajudá-los e apoiá-los em sua conduta.

O futuro: comunidades aprendizes

Sem esquecer a importância do estabelecimento escolar como lugar onde se constrói e se negocia a mudança, várias pesquisas atuais tentam identificar os mecanismos que se instauram em escala nacional. Constata-se principalmente que os sistemas escolares que conseguem transformar-se e transformar os estabelecimentos inovadores em *comunidades aprendizes organizadas em redes* têm mais chance de instaurar e manter uma dinâmica duradoura, na medida em que essas redes permitem aos professores não apenas se socorrer, em termos de intercâmbio de práticas e de competências, mas também de construir uma nova identidade profissional (Bouvier, 2001; Cros, 2000; Etienne, 2000; Huberman, 1995; Lieberman & McLaughlin, 1992).

As competências para ensinar no século XXI **97**

Portanto, uma das chaves do êxito da inovação passa agora pela capacidade dos sistemas de criar *dispositivos* que permitam aos atores pôr em rede suas competências profissionais e reconstruir o vínculo que deve existir entre suas crenças, seus ideais, suas práticas cotidianas e as missões gerais do sistema educacional (Gather Thurler, 2001d). Pode parecer que o êxito da mudança nos sistemas educacionais não depende exclusivamente de suas qualidades intrínsecas (coerência dos planos de estudo, amplitude dos recursos humanos e materiais), mas também de sua faculdade de fazer *sentido* aos olhos dos indivíduos e de ser incorporado aos usos sociais. Sabe-se agora que o destino de uma inovação educativa dependerá, como afirma Fullan (1999), *do que os professores pensam e fazem.* São eles que põem em prática, junto com seus alunos e por sua maneira de conceber e gerir cotidianamente situações de ensino-aprendizagem, as novas idéias obtidas da pesquisa, das escolas-piloto ou dos movimentos pedagógicos. Logo, o impacto das mudanças visadas na transformação real das práticas dependerá de dois fatores essenciais:

- Por um lado, da maneira como os objetivos e os conteúdos da reforma são comunicados aos principais interessados, de modo a lhes permitir desenvolver uma compreensão suficientemente aprofundada dos desafios e das vantagens das mudanças propostas e da maneira como eles deverão e poderão transformar suas práticas, sem pagar o "preço mais alto", em termos de tempo de energia e, até mesmo, em termos de perda de confiança neles e de conflitos internos. A experiência desses últimos anos mostra que as estratégias de sensibilização e de difusão "clássicas", em forma de conferências, de textos e de circulares oficiais e/ou de produção de manuais, não conseguiram produzir os efeitos esperados. É preciso, ao contrário, multiplicar as relações de troca nas quais as partes interessadas poderão debater problemas percebidos, compartilhar suas inquietações e suas necessidades e forjar, mediante o confronto de pontos de vista diversos, uma melhor visão dos verdadeiros problemas.
- Por outro lado, e acima de tudo, da maneira como os atores interessados conseguirão captar em todos os níveis do sistema – e, particularmente, nos estabelecimentos escolares – as problemáticas apresentadas e engajar-se de forma duradoura em uma exploração coletiva de novas soluções pedagógicas, didáticas e estruturais.

Em *Inovar no interior da escola* (Gather Thurler, 2001a), mencionamos que os sistemas escolares mais vanguardistas estão pesquisando atualmente modelos de desenvolvimento profissional que lhes permitam assegurar-se de que os professores desenvolverão as competências profissionais indispensáveis para enfrentar os desafios que lhes reservam os sistemas sociais em plena evolução. Assim, não se persistirá mais em uma formação contínua obrigatória, centrada em deficiências, contentando-se em preencher as lacunas dos professores; em lugar disso, serão priorizadas as condutas mais exigentes e realmente profissionalizantes, ao final das quais eles estarão capacitados a utilizar de maneira eficaz e pertinente os novos conhecimentos nesse campo do ensino-aprendizagem.

Recorrendo amplamente às contribuições das intervenções externas, a nova aposta do desenvolvimento profissional assenta-se no princípio de que os professores continuam sendo os *principais* atores e responsáveis por sua formação contínua, pois decidem de maneira autônoma seus objetivos e seus planejamentos. Eles se apropriam de sua formação contínua no sentido de uma autoformação e negociam suas contribuições em função de suas necessidades e da situação de suas práticas. Trata-se de uma forma de radicalização do princípio da orientação segundo as necessidades *reais* dos profissionais, visando a uma forte articulação entre os momentos de discussão em equipe e os momentos em que cada um tenta transpor suas novas competências ao cotidiano da classe.

Segundo Woods et al. (1997, p. 158):

> (...) assiste-se à emergência de um novo tipo de profissionalismo, que se caracteriza pela evolução dos valores e práticas dos professores em favor de uma relação mais próxima entre desenvolvimento profissional e desenvolvimento institucional. As transformações mais significativas na cultura profissional dos professores são as seguintes: a cultura do individualismo dá lugar à cooperação; as relações hierárquicas são substituídas pelo trabalho em equipe; a supervisão evolui para o *mentoring*; os cursos de reciclagem recuam diante da popularidade do desenvolvimento profissional; finalmente, a abordagem contratual negociada entre parceiros substitui as decisões autoritárias.

Para Hargreaves e Evans (1997, p. 80):

> (...) a grande maioria dos professores terá de se empenhar nos próximos anos em desenvolver as competências e as perspectivas exigidas pelos reformadores e, em muitos casos, em desaprender práticas e crenças relacionadas aos alunos e às práticas de ensino-aprendizagem que dominaram grande parte de suas carreiras profissionais.

Na medida em que a eficácia da ação pedagógica dependerá cada vez mais da capacidade dos professores de desenvolver respostas diferenciadas frente à heterogeneidade dos alunos e à complexidade de seu contexto de trabalho, é óbvio que o *know-how* necessário para transformar as práticas pedagógicas não pode ser oferecido em forma de estratégias de ensino-aprendizagem prontas para usar, as quais bastaria difundir no âmbito de conferências ou de formações contínuas comandadas pelas autoridades escolares.

O DESENVOLVIMENTO PROFISSIONAL DOS PROFESSORES: QUATRO ABORDAGENS COMPLEMENTARES

Ao fazer um inventário das modalidades de desenvolvimento profissional à disposição dos professores, causa surpresa descobrir uma configuração bastante eclética de atividades que figuram sob o mesmo rótulo. Examinando-as mais de perto, é possível separá-las em quatro grandes subconjuntos (ver Figura 4.1), aos quais os professores terão acesso segundo dois parâmetros: primeiro, sua disponibilidade para se aventurar nesse tipo de condutas, naturalmente mais exigentes; segundo, a vontade das autoridades escolares e políticas de diversificar e de reconhecer as alternativas possíveis, investindo nos recursos necessários – e geralmente mais importantes – de que estas necessitam.

Figura 4.1 – Quatro abordagens complementares do desenvolvimento profissional.

Sensibilização para os objetivos e desafios das reformas

De maneira inteiramente legítima, os responsáveis pelas reformas atribuem um grande valor a que os atores do terreno apropriem-se das novas reformas. De fato, eles favorecem as reciclagens obrigatórias que são concebidas e animadas conforme todas as regras da arte das estratégias eficazes da comunicação e da persuasão. Exposições breves são alternadas com momentos mais interativos, durante os quais os participantes podem relatar seus questionamentos e formular desejos quanto à seqüência das operações.

No conjunto, os professores responderão a isso tanto mais positivamente quanto simpatizarem com a conduta proposta: eles se sentem "enfim" bem-informados no que diz respeito às intenções das autoridades políticas e dos recursos e meios que lhes serão proporcionados; eles se sentem mais levados a sério pelo fato de pedirem sua opinião e levar em conta seus questionamentos; as vantagens vislumbradas em termos de responsabilidade, de novas margens de autonomia e de *empowerment* estimulam os professores a se engajar em um processo que eles esperam que contribua, no final, para revalorizar sua profissão.

Porém, a experiência mostra que a relação entre esse tipo de condutas e a evolução das práticas ainda é muito precária. No melhor dos casos, alguns professores ou algumas escolas saem com uma "visão mais clara" dos objetivos visados, a qual os levará a questionar e a reorganizar suas próprias práticas, a qual os motivará a ler ou a se inserir em formações que lhes permitirão aprofundar determinado aspecto. No entanto, eles constatarão rapidamente que assistir a conferências, mesmo que estas sejam acompanhadas de oficinas que permitam afinar o debate e aprofundar-se em alguns problemas, não é suficiente: os novos programas exigem que eles desenvolvam competências bastante precisas em termos de cooperação, de planejamento, de organização do trabalho, de concepção de dispositivos de aprendizagem promissores, de gestão da progressão de seus alunos.

É nesse momento que os professores sentirão necessidade de se engajar em uma das condutas evocadas no modelo e até mesmo de combinar umas com as outras.

Desenvolvimento de competências didáticas e pedagógicas

Essa trajetória ocupa um grande espaço, tanto nos catálogos de formação contínua como nas reciclagens intensivas organizadas quando da

As competências para ensinar no século XXI **101**

implementação das reformas. Geralmente, trata-se de atividades de formação pontuais ou compactas, que são concebidas em associação com os novos programas ou com base em referenciais de competências.

Os professores nas escolas inovadoras dão grande importância a essa componente do seu desenvolvimento profissional, sem a qual eles pensam que não conseguiriam avançar (Gather Thurler et al., 1999). Ao mesmo tempo, evocam toda uma lista de problemas ligados a esse tipo de fórmula, tais como:

- dificuldade de negociar o objeto de formação com certos formadores, muito centrados em *sua* visão e muito pouco em ouvir as prioridades dos professores;
- tempo muito curto de permanência do formador para resolver os problemas que "estão apenas começando" quando o módulo é concluído e eles se vêem sós diante de suas classes;
- ausência do formador no momento exato em que o *clic* começa a operar, quando os professores conseguem, enfim, por força de tentar, fracassar e tentar de novo, reunir argumentos suficiente para travar um verdadeiro debate em torno do objeto da formação.

Fortalecidos com essa experiência, os professores das escolas inovadoras organizam-se de modo a não depender somente desse tempo de formação para obter ajuda de agentes externos. Ao contrário disso, eles constroem múltiplas colaborações com o mundo da pesquisa, integram-se em redes de práticos, participam de universidades de verão e de jornadas de debate ou de seminários e reflexão de todo tipo, contribuem com publicações em obras coletivas ou revistas profissionais. Esses professores conseguiram, durante anos, desenvolver uma rede de pessoas-recurso (pesquisadores e práticos ao mesmo tempo) aos quais se reportam sistematicamente quando têm a impressão de que certos problemas estão acima deles, ou quando solicitam intervenções pontuais ou um acompanhamento a mais longo prazo.

Todavia, a maior parte dos professores não dispõe dessas redes. Além disso, eles trabalham em escolas onde a falta de colaboração e de projeto não lhes permite definir uma demanda comum bastante concreta e precisa para convencer o formador não apenas a preparar um módulo de formação "sob medida", mas também a assegurar "assistência técnica". Quando o módulo termina, cada um estará sozinho em sua classe para transpor as coisas ouvidas, sem *feedback*, sem possibilidade de confrontar suas experiências, nem com os colegas, nem com o formador em questão. É evidente que o impacto dessas condutas será limitado se os professores não conseguirem unir seus esforços na busca coletiva de soluções em torno de uma problemática partilhada. Isso nos conduz ao terceiro tipo de desenvolvimento profissional.

EXPLORAÇÃO COLABORATIVA

A pesquisa recente sobre a profissionalização do ofício de professor e sobre a mudança enfatiza a importância de um desenvolvimento profissional que se organize em torno da exploração colaborativa. A Figura 4.2 tenta esboçar as etapas essenciais dessa conduta para a qual é importante levar em conta os seguintes aspectos:

- O grupo de professores será composto preferencialmente pelo corpo docente de um estabelecimento escolar, ou por uma parte deste, no caso das grandes equipes. O grupo também pode ser formado por professores provenientes de vários estabelecimentos, desde que se disponham a trabalhar juntos sobre uma problemática comum, em uma disciplina, uma ordem ou um determinado ciclo de ensino, ou relacionada a uma atividade pedagógica específica.

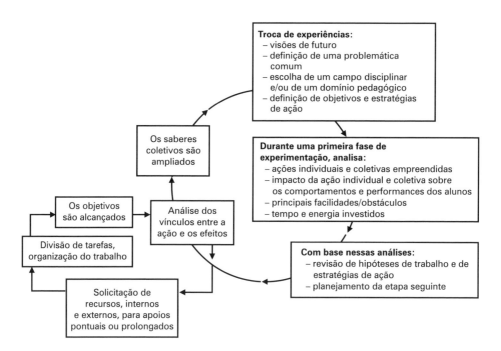

Figura 4.2 – As diferentes etapas de uma exploração colaborativa.

As competências para ensinar no século XXI **103**

- Em princípio, o próprio grupo de professores assume a gestão da trajetória; porém, recorrerá a intervenções externas sempre que julgar necessário. Diferentemente de uma conduta clássica de formação contínua, essas intervenções – que serão especializadas em campos muito distintos – garantirão um apoio pontual, que poderá ter uma duração variável entre alguns dias e dois ou três meses.

A conduta exploratória começa com uma *troca de experiências*, a qual permitirá que todos se conheçam melhor e relatem suas respectivas práticas, explicitem suas visões do futuro e negociem, a partir delas, uma problemática comum, que orientará sua exploração durante um determinado tempo. Essa problemática estará inserida em um campo disciplinar (língua materna, matemática, estudos do meio ambiente) ou em um domínio pedagógico (luta contra a violência). A definição de objetivos e estratégias de ação permitirá passar em seguida à ação.

Durante essa primeira fase de experimentação, as experiências de uns e outros, assim como seu impacto nos comportamentos e desempenhos dos alunos, são permanentemente discutidas e analisadas. Trata-se aqui de uma fase crucial do processo, na qual o desejo de cada um de avançar e a necessidade de afirmar sua criatividade e sua originalidade freqüentemente se sobrepõem à escuta e ao estabelecimento de um método comum. Durante essa fase, o confronto crítico e a contribuição por meio de leituras ou intervenções externas permitem ampliar e aprofundar as representações comuns.

No final dessa primeira etapa, os professores adotarão – ou descartarão – definitivamente algumas abordagens elaboradas, revisarão suas hipóteses de trabalho e suas estratégias de ação, bem como planejarão a etapa seguinte. Nesse momento, eles também se questionarão quanto à necessidade de recorrer a recursos internos (colegas de outra série ou de outra disciplina) ou externos (especialistas em um certo âmbito). Também poderão ser tentados a empreender uma reorganização de seu trabalho e da divisão de tarefas e a conseguir os meios mais adequados para atingir os objetivos fixados.

Ao final dessa conduta de exploração, os professores avaliarão seus efeitos (tanto para os alunos quanto para o seu próprio desenvolvimento profissional) e julgarão se o problema foi contornado e, inclusive, se a problemática explorada merece ser prosseguida ou ampliada.

A experiência mostra que o engajamento nesse tipo de conduta de exploração colaborativa permite aos professores desenvolver uma compreensão melhor de seus gestos profissionais e dos processos de aprendizagem de seus alunos, ajudando-os a instaurar uma cooperação eficaz e duradoura, e tanto mais gratificante se ela realmente lhes permitir ampliar suas competências e melhorar seu funcionamento nas aulas e no estabelecimento escolar.

Esse tipo de conduta vai muito além de simples intercâmbios de "truques e receitas", pois insere-se em uma lógica de *resolução de problemas* que recorre à criatividade e à participação de cada um, ao reconhecimento de que não se pode ser o melhor o tempo todo, que não se aprende sozinho, que de nada serve ficar constantemente reinventando a roda, que a idéia do outro, retomada e adaptada, pode ser mais eficaz do que uma longa busca solitária, que se pode aprender e desenvolver cada um por si e também todos juntos.

A ênfase é dada à aptidão do grupo de professores a desenvolver e a instituir suas próprias condutas de identificação e de resolução de problemas, o que não exclui que recorram a especialistas externos quando for necessário.

Como toda cooperação profissional, a exploração colaborativa não pode contentar-se com uma interação linear e coordenada, nem se limitar a relações afetuosas e harmônicas (Gather Thurler, 2001a). Ela apenas contribuirá para a emergência de práticas inovadoras e eficazes se for combinada com uma análise e um confronto permanente de práticas e se incitar os outros a investir o essencial das forças da mudança em suas próprias fileiras. Nessa perspectiva, a exploração colaborativa não considera os problemas apenas "como amigos", mas também impede os professores de assumir em uma postura complacente, tanto em relação a si próprios quanto em relação a seus colegas e a seus alunos. Ela permite desenvolver novas competências profissionais, estimula a apurar os meios de análise e ajuda a tomar decisões. Ela permite, a médio e longo prazo, ampliar o leque de soluções possíveis, reagir melhor à incerteza e aprender a gerir mais eficazmente a complexidade do ofício.

Quando ela se combina com a cooperação contínua e instaura-se de forma duradoura em uma escola que desenvolve uma colaboração regular em torno de um projeto de estabelecimento, transforma-se em uma poderosa ferramenta de mudança.

Cooperação contínua em uma organização aprendiz

Todas as reformas atribuem atualmente uma grande prioridade à cooperação profissional entre professores e instauram algumas medidas para facilitá-la: os novos horários de trabalho prevêem explicitamente períodos de trabalho coletivo, os ciclos plurianuais exigem que os professores assumam coletivamente a gestão dos percursos dos alunos, etc. Se

As competências para ensinar no século XXI **105**

é verdade que essas medidas favorecem as mudanças e contribuem, ao final, para uma certa harmonização das práticas, as pesquisas mostram, no entanto, que o potencial de saberes e competências, que normalmente estão presentes em uma equipe de professores, ainda se mantém em grande parte inexplorado, na ausência de competências *coletivas* que ainda fazem muita falta.

No entanto, essas competências coletivas não podem ser construídas no quadro de cursos de formação tradicionais, nem no quadro de funcionamentos habituais nos estabelecimentos escolares. Daí a idéia de concentrar os esforços na implementação de um projeto de estabelecimento que será concebido e desenvolvido de maneira a permitir às pessoas, que dele fazem parte, evoluir para uma "organização" ou "comunidade aprendiz".

Para trabalhar em ciclos, os professores deverão questionar permanentemente e reinventar não apenas suas práticas pedagógicas, mas também a organização do trabalho em um estabelecimento escolar. Trata-se de criar aí uma nova cultura, a qual represente a antítese do individualismo e o cada um por si.

Na medida em que a eficácia da ação pedagógica dependerá cada vez mais da capacidade dos professores de desenvolver respostas diferenciadas, frente à heterogeneidade dos alunos e à complexidade de seu contexto de trabalho, é obvio que o *know-how* necessário para transformar o estabelecimento escolar em organização aprendiz não pode ser oferecido em forma de módulos prontos para usar, mas será construído *na* situação, como o apoio de acompanhantes externos que ajudarão os atores envolvidos a desenvolver um projeto "sob medida".

Tal conduta supõe que os professores sintam-se coletivamente responsáveis pelos resultados de seus alunos e também por seu *próprio* desenvolvimento profissional. Explicitando e confrontando seus pontos de vista, explorando coletivamente novas vias didáticas e pedagógicas, avaliando de maneira permanente a progressão de seus alunos e verificando a pertinência e a coerência das abordagens escolhidas, os professores serão levados continuamente a mobilizar e a desenvolver "na ação" os saberes de ação e de inovação indispensáveis para enfrentar os problemas e os desafios que lhes reserva o ambiente complexo no qual exercem seu ofício.

A conduta de projeto não é um fim em si, mas, a nosso ver, um dos componentes do desenvolvimento profissional que transforma os professores em atores da construção do sentido da mudança e de sua implementação. Essa exigência leva a recusar forçosamente as metodologias simplistas, a não omitir a complexidade e a fragilidade das trajetórias do projeto em suas dimensões sociológicas, psicológicas e antropológicas. Assim, os que buscam a mudança, e não os projetos pelo projeto, são levados, mais cedo ou mais tarde, a abandonar a idéia de que possa ser uma estratégia simples, à altura de cada estabelecimento escolar que tivesse um pouco de boa vontade.

A conduta de projeto – por si mesma – contém um componente voluntarista, porém não pode ter êxito sem recursos materiais e institucionais, sem um trabalho constante de elaboração conceitual e de reflexão, sem acompanhamento externo, pelo menos em certas fases, e, certamente, sem um plano de referência mais geral e sem um contrato que garantam sua legitimidade institucional. Nessa perspectiva, um projeto de estabelecimento ancora-se principalmente:

- em um projeto educativo mais ou menos conceitual;
- na história e nas representações dos atores;
- na análise que a equipe faz da situação presente, do contexto sociopolítico (a disposição das autoridades de sustentar o processo em curso, o clima mais ou menos favorável à mudança), do ambiente social próximo (relações com os pais, com o bairro), do apoio ou das resistências que se pode esperar das associações profissionais ou da administração escolar;
- em um sentimento de continuidade, de permanência, o que remete à construção da identidade e à cultura do estabelecimento escolar;
- finalmente, em uma preocupação constante em esclarecer e melhorar relações de poder, de *leadership*, redes de comunicação, modos e graus de cooperação, estilo de direção e de decisão.

Trabalhar juntos sobre esses pontos representa um programa de formação em si. Levando em conta os lugares, enunciando os valores e construindo um plano de ação, os atores envolvidos são levados a se perguntar sobre o que é seu estabelecimento, sobre o que deveria ser, sobre a distância e os meios que ajudem a reduzi-la. Esse trabalho de descrição e de análise parte de uma diversidade na qual há tantas imagens e valores quanto há atores. Chegar a um projeto único obriga, portanto, a encontrar não apenas denominadores comuns, mas antes de tudo razões para procurá-los... O que incita, de imediato, a esclarecer os vínculos profissionais e afetivos que unem – ou separam – uns dos outros, a ajustar as contas, a aumentar a transparência, a pôr na mesa os não-ditos, os problemas de poder, as rivalidades, as alianças secretas, a desfazer as diversas tramas acumuladas na história do estabelecimento escolar. Isso representa a parte mais difícil da trajetória. A construção do projeto funciona como um acelerador da ação coletiva e, ao mesmo tempo, como um analista e revelador do estabelecimento como sistema social complexo, lugar de trabalho, mas também lugar de vida e de relações carregadas de emoção.

As competências para ensinar no século XXI **107**

Uma conduta de projeto permite que cada um tome consciência dos limites de sua própria coerência e obriga-o a se deslocar para que uma coerência coletiva se torne possível. Consideremos, por exemplo, professores partidários dos métodos ativos e da pedagogia diferenciada. Suponhamos que seu projeto seja estabelecer dispositivos transdisciplinares para gerir de forma mais coordenada e durante vários anos a progressão dos alunos. Como chegar a um acordo sobre uma organização alternativa do trabalho, dos agrupamentos, da avaliação e do acompanhamento dos alunos?

As primeiras discussões aprofundadas evidenciarão a diversidade de concepções de ensino e de aprendizagem, dos limites que cada um coloca ao princípio da educabilidade (cada um traz em si uma parte variável da ideologia do dom, mais ou menos reprimida), das crenças (mais ou menos míticas e românticas) que uns e outros veiculam quanto à organização e à forma escolar ideal (classes para uma mesma idade ou para várias idades, séries anuais ou ciclos, etc.), de visões de autoridade, do contrato, da relação pedagógica, do papel do professor em sala de aula, da avaliação ou da seleção.

As escolhas a serem feitas coletivamente confrontam os professores com dilemas que eles não podem superar por uma simples escolha majoritária. Cada um deve esforçar-se para compreender a lógica do outro, o que obriga a tomar consciência da complexidade e das diversidades de maneiras de dar coerência a uma prática. Cada um, individualmente, constrói uma coerência que para ele, é claro, comporta uma forma de necessidade lógica, parece apenas bom senso. Porém, quando é confrontado com a coerência dos outros, as evidências entram em choque. Começa então um doloroso trabalho de construção de uma coerência comum, que é indispensável para que a ação coletiva produza seus efeitos.

Segundo Midler (1997), uma tal conduta mobiliza saberes e competências de alto nível para construir uma "intercompreensão" que permita enfrentar sem muitas tensões e sem disputas de poder estéreis as inevitáveis controvérsias e ambigüidades que todo processo de transformação das práticas gerará. Assim, em todo projeto comum, a exploração coletiva é acompanhada muitas vezes de uma *análise reflexiva* dos atores: como devemos analisar a situação? Que resposta, que solução podemos dar e em que medida ela poderá ser útil aos outros? Até que ponto sua utilidade será reconhecida? Podemos ter *confiança* naquilo que nossos saberes nos sugerem?

No fim das contas, essa busca de coerência representa antes uma *postura*, que leva as pessoas a tornar *explícito* aquilo que em um estabelecimento escolar permanece implícito na maioria das vezes: sua finalidade, sua vocação, sua ambição coletiva, seus objetivos, sua missão, seus valores

108 Perrenoud, Thurler, Macedo, Machado e Allessandrini

partilhados, seus tabus, sua ética (Obin, 1996), sua cultura, enfim, o que realmente difunde uns e outros.

Portanto, em uma perspectiva sistêmica, o desenvolvimento profissional insere-se em um conjunto de condutas e de posturas (ver a Figura 4.3), sem as quais os princípios em que se fundamentam as reformas atuais não passam de uma pretensão vazia de sentido: *leadership* cooperativa e transformadora, busca de uma organização do trabalho cada vez mais eficaz, responsabilidade coletiva diante dos resultados da ação pedagógica, ampliação constante do campo de consciência a partir de uma análise permanente das práticas e uma firme vontade de identificar e de superar os obstáculos que entravam a ação coletiva, a fim de "fazer a diferença" (Perrenoud, 1996).

PARA CONCLUIR: AMPLIAR TANTO QUANTO POSSÍVEL AS OPORTUNIDADES DE APRENDER

Em princípio, as quatro condutas que acabamos de apresentar representam uma constelação possível de recursos de que os sistemas escolares podem dispor para ampliar as competências profissionais dos professores e, ao final, para transformar as práticas individuais e coletivas. A maioria dos sistemas escolares atuais privilegia ainda hoje as duas primeiras condutas, que geralmente são mais fáceis de implementar e de controlar. Raramente eles estendem o desenvolvimento profissional às condutas de exploração colaborativa e sabem menos ainda como fazer para construir dispositivos de formação que permitam transformar os estabelecimentos escolares em comunidades aprendizes.

Com algumas poucas exceções, as concepções atuais do desenvolvimento profissional não permitem aos professores construir as novas competências que se exigem deles. Ao contrário disso, sentem-se invadidos por inúmeras reciclagens que lhes são impostas e na maior parte do tempo incapazes de transpor as novas exigências às suas práticas.

A tudo isso, acrescenta-se uma dificuldade a mais, pois, em associação com os novos modelos de gestão, os professores pagam muito caro pela autonomia parcial que agora é concedida aos estabelecimentos escolares. Eles precisam, de agora em diante, não apenas investir parte de seu tempo na coordenação e na negociação internas, como também se vêem obrigados a satisfazer cada vez mais demandas políticas, como estabelecer novas formas de colaboração com os pais, que dêem conta e viabilizem suas práticas – sem que lhes garantam as possibilidades de desenvolver as competências profissionais necessárias...

As competências para ensinar no século XXI

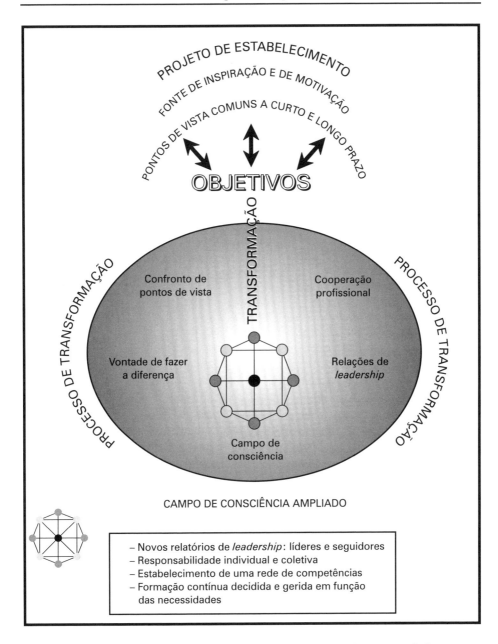

Figura 4.3 – Desenvolvimento profissional no interior de um estabelecimento escolar em constante transformação.

REFERÊNCIAS BIBLIOGRÁFICAS

BOUVIER, A. *L'établissement scolaire apprenant.* Paris: Hachette Education, 2001.
CHARLOT, B. (dir.). *Les jeunes et le savoir. Perspectives internationals.* Paris: Anthropos, 2001. (Em português: *Os jovens e o saber: perspectives mundiais.* Porto Alegre: Artmed, 2001.)
CROS, F. (éd.). Innovation et réseaux sociaux. *Recherche et formation*, Paris: INRP/ Recherche et formation pour les professions de l'éducation, n.34, 2000.
DEROUET, J.-L. Les établissements scolaires dans leur environnement : une entreprise composite, Cohérence et dynamique des établissements scolaires : études sociologiques, *Actes du colloque de Tours*, 25-26 avril 1989.
————— . (ed.). *L'école dans plusieurs mondes.* Bruxelles: De Boeck, 2000.
EARL, L.; LEE, L. *School improvement : what have we learned from the Manitoba Experience.* Toronto: Walter and Duncan Gordon Foundation, 1998.
ETIENNE, R. *Les réseaux d'établissements. Enjeux à venir.* Paris: ESF éditeur, 2000.
FULLAN, M. *Change forces: the sequel.* London: Falmer Press, 1999.
GATHER THURLER, M. Savoirs d'action, savoirs d'innovation. In: PELLETIER, G. (dir.). *Former des dirigeants de l'éducation. Apprentissage dans l'action.* Bruxelles: De Boeck, 1999. p.101-131.
————— . *Inovar no interior da escola.* Porto Alegre: Artmed, 2001a.
————— . Le projet d'établissement: quelques éléments pour construire un cadre conceptuel. In: PELLETIER, G. (dir.). *Autonomie et décentralisation en éducation : entre projet et évaluation.* Montreal: Éd. de l'AFIDES, 2001b. p.81-93.
————— . Quais as competências para operar em ciclos de aprendizagem plurianuais?, *Pátio Revista Pedagógica*, v.5, n.17, p.17-21, Maio/jul. 2001c.
————— . Le projet d'établissement dans l'enseignement primaire genevois: des croyances aux pratiques. In: LECLERQ, J.-M. (coord.). *Politiques d'éducation et de formation . Analyses et comparaisons internationals.* Bruxelles: De Boeck Université, 2001d. p.57-69.
————— . et al. *Quatre ans d'exploration pour construire une réforme sur le terrain. Synthèse des travaux des écoles en innovation et des activités menées dans le dispositif d'exploration de 1995-1999.* Genève: Département de l'instruction publique, enseignement primaire, 1999.
GPR (Groupe de pilotage de la rénovation). *Vers une réforme de l'enseignement primaire genevois. Propositions pour la mise en phase d'extension de la rénovation entreprise en 1994.* Genève: Département de l'instruction publique, 1999.
HARGREAVES, A. *Changing teachers, changing times: Teachers'work and culture in the postmodern age.* London: Cassell, 1999.
————— . et al. *Learning to change - teaching Beyond Subjects and Standards.* San Francisco: Jossey-Bass, 2001.
HARGREAVES, A.; EVANS, R. (dir.). *Beyond educational reform.* Buckingham: Open University Press, 1997.

HENRIOT-VAN ZANTEN, A. Politiques, structures et savoirs : l'exemple des réformes en Grande-Bretagne. In: RUANO-BORBALAN, J.C. (Dir.). *Savoirs et compétences en éducation, formation et organization.* Paris: Éditions Demos, 2000.

HUBERMAN, M. Networks that alter teaching: conceptualizations, exchanges and experiments. *Teachers and Teaching: Theory and Practice*, v.1, n.2, p.193-211, 1995.

LIEBERMAN, A.; McLAUGHLIN, M. Networks for educational change: powerful and problematic. *Phi Delta Kappan*, v.73, n.9, p.673-699, 1992.

LIEBERMAN, A.; MILLER, L. *Teachers caught in action: professional development that matters.* New York: Teachers College Press, 2001.

LOUIS, K.S.; KRUSE, S. (dir.). *Professionalism and community: perspectives on reforming urban schools.* Newbury Park, CA : Corwin, 1995.

MIDLER, C. Situations de conception et apprentissage collectif. In: REYNAUD, B. (dir.). *Les limites de la rationalité*, Tome 2 : Les figures du collectif. Colloque de Cerisy. Paris: Editions de La Découverte, 1997. p.169-182.

OBIN, J.-P. *L'établissement scolaire, entre la loi et l'éthique.* Paris: Hachette, 1996.

PERRENOUD, Ph. Innover en identifiant et en dépassant des objectifs-obstacles, *Lettre d'Equipes et Projets*, n.10, jan. 1996.

——— . *Dix nouvelles compétences pour enseigner. Invitation au voyage.* Paris: ESF Éditeur, 1999. (Em português: *Dez novas competências para ensinar*. Porto Alegre: Artmed, 2000.)

SENGE, P.M. et al. *La danse du changement.* Paris: Editions First, 2000a.

——— . et al. *Schools that learn.* New York : Double Day, 2000b.

STOKES, L. Lessons from an inquiring school: forms of inquiry and conditions for teacher learning. In: LIEBERMAN, A.; MILLER, L. (eds.). *Teachers caught in the action.* New York : Columbia University – The Series on School Reform, 2001.

WOODS, P. et al. *Restructuring schools, restructuring teachers.* Buckingham : Open University Press, 1997.

5

Situação-Problema: Forma e Recurso de Avaliação, Desenvolvimento de Competências e Aprendizagem Escolar

Lino de Macedo

Por que refletir sobre o conhecimento e as lidas da vida como situações-problema? Viver sempre foi uma situação-problema. Nossos antepassados, por exemplo, apesar de sua grande vontade de sobreviver, dispunham de poucos recursos (sobretudo tecnológicos) para isso. Podia haver falta de comida, o sol às vezes queimava e nem sempre iluminava ou aquecia a vida. Sabemos que ainda hoje isso ocorre para a maioria de nós. O mesmo vale para cada criança que nasce. Como mamífero, herdou o poder de ordenhar, mas seu reflexo está adaptado para uma mama da espécie. Contudo, em uma relação particular, como assimilar o leite, construindo sobre o reflexo de sucção, um esquema psicológico acomodado às características físicas e socioculturais daquela que alimenta a criança? Depois disso, e mal tendo aprendido a mamar, logo nascem os dentes, o leite diminui ou seca, criando um novo contexto ou recorte para o qual os processos anteriores de acomodação agora são insuficientes. Diante dessa nova situação, como mobilizar recursos, alterar hábitos, atualizar esquemas de ação? Assim também acontece em outros momentos de nossa vida: mal nos tornamos adultos e precisamos refletir, tomar decisões relacionadas ao nosso envelhecimento; mal envelhecemos e enfrentamos nossa morte.

Uma característica importante da situação-problema é desafiar-nos para uma realização, de um lado, estruturada pelas coordenadas que lhe dão possibilidade e, de outro, que se expressa aqui e agora. Em outras palavras, um dos obstáculos de uma situação-problema é articular diversidade com singularidade. Diversidade, porque sua álgebra pode ser expressa igualmente de muitos modos, ainda que cada caso seja único e demande uma compreensão que nunca se repete. Não é este, igualmente, o drama de nossa existência? Como partes do mundo, herdamos a diversidade de nossa herança biológica, sociocultural, antropológica, sociológica, física, porém nascemos como se nunca tivéssemos existido; nossa existência é sempre singular e, se não fazemos nada sozinhos, também ninguém pode fazer por nós.

O objetivo deste capítulo é apresentar algumas reflexões, que temos feito em palestras para professores do ensino fundamental, sobre situação-problema como recurso para avaliação escolar, desenvolvimento de competências e, mais do que isso, como forma de aprendizagem. As perguntas que têm animado nossas reflexões são, no mínimo, as seguintes: O que é uma situação-problema? Para quem fazemos ou propomos situação-problema? Se para um adolescente, por exemplo, quem é essa pessoa, quais são seus recursos cognitivos, as características de sua personalidade? Sobre o quê propomos situações-problema? Como ensinar ou aprender por meio de situações-problema? Por que hoje organizar situações-problema é uma estratégia de aprendizagem, é uma forma de ensino, principalmente para aqueles que pretendem trabalhar em uma perspectiva complexa, relacional, construtivista? Como avaliar por meio de situações-problema? Qual a relação entre desenvolvimento de competências e uso de situações-problema? Por que hoje a situação-problema, que sempre esteve presente nas lutas por nossa sobrevivência, configura-se de modo diferente, especial, podendo abrir para infinitas possibilidades ou, quem sabe, para a violência, a loucura ou a morte? Considero importante pensarmos um pouco sobre essa dimensão, talvez epistemológica, social, histórica e pedagógica, da situação-problema tal como ela se apresenta hoje no contexto escolar, embora essa análise possa valer para outros campos de nossa vida.

O QUE É UMA SITUAÇÃO-PROBLEMA?

As situações-problema caracterizam-se por recortes de um domínio complexo, cuja realização implica mobilizar recursos, tomar decisões e ativar esquemas (Perrenoud, 1997, 2000). São fragmentos relacionados com

As competências para ensinar no século XXI **115**

nosso trabalho, nossa interação com as pessoas, nossa realização de tarefas, nosso enfrentamento de conflitos. Referem-se, pois, a recortes de algo sempre aberto, dinâmico e, como tal, repetem aquilo que é universal no problemático e fantástico que é a vida, entendida como exercício das funções que a conservam no contexto de suas transformações. Consideremos que recortar é diferente de reduzir. A ordem, por exemplo, recorta, organiza, um aspecto do caos (ou cosmos), mas não tem o poder de reduzi-lo.

Uma situação-problema supõe considerar algo em uma certa direção ou norte. A direção confere um valor, pois convida a superar obstáculos, fazer progressos em favor do que é julgado melhor em sua dimensão lógica, social, histórica, educacional, profissional, amorosa. Além disso, uma situação-problema altera um momento, interrompendo o fluxo de suas realizações, por exemplo, ao propor um recorte, criar um desafio, destacar um fragmento de texto, solicitar um comentário, propor a análise de um gráfico, pedir para responder a uma questão, elaborar uma proposta ou argumentar. Tais obstáculos, que nos desafiam para uma tarefa que nos propomos a realizar, ocorrem em nossa vida cotidiana. Também ocorrem na escola, podendo ser propostos por artifício ou simulação, o que não implica criar um pretexto, mas delimitar um contexto de reflexão, colocação de problema, conflito, raciocínio, tomada de posição, enfrentamento de uma situação, mobilização de recursos, nos limites do espaço, do tempo e dos objetos disponíveis para a realização da tarefa. A situação-problema pede um posicionamento, pede um arriscar-se, coordenar fatores em um contexto delimitado, com limitações que nos desafiam a superar obstáculos, a pensar em um outro plano ou nível. Trata-se, portanto, de uma alteração criadora de um contexto que problematiza, perturba, desequilibra.

Para concluir os comentários sobre a primeira pergunta, vou sugerir a leitura de dois livros sobre situação-problema. Um deles é *Aprender, sim... mas como?*, de Philippe Meirieu (1998). Nesse livro, podemos obter uma orientação pedagógica, uma análise de como trabalhar situações-problema em sala de aula. O outro é *Novas competências para ensinar,* de Philipe Perrenoud (2000), especialmente os dois primeiros capítulos. É um livro interessante porque nos coloca a questão do que é uma situação-problema e de como pensá-la no contexto de competência, como situações de aprendizagem que se oferecem como alternativa ao esquema clássico (explicação, exercícios) de dar aula, o qual hoje se expressa como insuficiente em muitas situações de ensino. Meirieu (1998, p. 192) define assim situação-problema:

> É uma situação didática na qual se propõe ao sujeito uma tarefa que ele não pode realizar sem efetuar uma aprendizagem precisa. E essa aprendizagem, que constitui o verdadeiro objetivo da situação-problema, se dá ao vencer o

obstáculo na realização da tarefa. Assim, a produção supõe a aquisição, uma e outra perdendo o seu objeto de avaliações distintas.

PARA QUEM PROPOMOS SITUAÇÕES-PROBLEMA?

É diferente propor uma situação-problema para um trabalhador, adulto, uma criança de escola fundamental, um bebê ou um adolescente. Tomemos esse último caso como exemplo. Quem é o adolescente para quem propomos uma situação-problema? O que é ser adolescente? Quais são as representações que temos da adolescência? O significa pensar de forma hipotético-dedutiva (Inhelder e Piaget, 1976)? O que é pensamento proposicional? Em que consiste considerar situações de vida ou conteúdos escolares na perspectiva de um adolescente? Pensar a vida como uma proposta, algo que pode ser ou não, algo que pode ser de muitos modos? Como formular questões para adolescentes, se os entendemos como tendo o desafio, nos termos em que se coloca hoje, de se inserir no mundo dos adultos? Como analisar a adolescência em uma perspectiva neurológica, de desenvolvimento cerebral? Quais são os valores, os projetos de vida, a personalidade do adolescente? O que é pensar ou deduzir por meio de uma hipótese? O que é supor algo como possibilidade, proposição, conjectura, e que, portanto, pode ser ou não? Nesse contexto proposicional, o que é poder raciocinar, observar, avançar, interpretar, relacionar, quantificar, estimar, fazer conjecturas, inferir, pensar em coisas que tenham a ver com aquilo que está sendo proposto como possibilidade?

A adolescência é um período importante, mas muito difícil e angustiante do ser humano. Não é por acaso que a adolescência, que é a idade do projeto, de um projeto de vida, muitas vezes é vivida por adolescentes que não têm projetos. O que nós, pais ou professores, quiséramos dizer para esses adolescentes sem projetos? Adolescentes que morrem pela droga, pela falta de trabalho ou estudo, pela miséria moral, pelo sem sentido de suas vidas. Reparem na ironia dessa situação: nós, adultos, não estamos sabendo formar e sermos padrinhos daqueles que deveriam nos substituir, de preferência de um modo melhor. Esta seria uma das funções do adulto: acolher crianças e velhos e, por esse meio, preparar as primeiras para que, na medida em que se desenvolvessem, pudessem substituir os adultos, que já estão envelhecendo, isto é, ocupando o lugar dos segundos. O que gostaríamos de dizer para esses adolescentes? O que desejamos antecipar para eles? No contexto de uma aula ou prova de física, matemática, como criarmos situações-problema que os desafiem para essas questões e que os habilitem para a produção de respostas ou criação de melhores possibilidades para seu enfrentamento?

As competências para ensinar no século XXI **117**

Portanto, quando elaboramos uma situação-problema, é fundamental saber para quem ela está sendo proposta, saber quem é essa pessoa, o que pensamos dela, o que queremos para ela, o que estamos preparando-lhe, o que lhe desejamos, o que queremos dizer-lhe.

SOBRE O QUE PROPOMOS SITUAÇÕES-PROBLEMA?

Na escola, as principais situações-problema referem-se aos conteúdos das disciplinas ou às áreas de conhecimento. O que quer dizer área de conhecimento? Quais são os documentos, os textos, as regras do jogo, as disciplinas, os conteúdos? O que sabemos, quais são nossas representações ou teorias sobre história, geografia, matemática, língua portuguesa? Quais são os conteúdos que valorizamos ao elaborar uma situação-problema? Como recortá-los em algo concreto, prático, em tarefas ou questões de uma prova? Quais são os indicadores ou elementos que nos possibilitarão saber o quanto nossos alunos dominam esse conhecimento? Como recortar algo significativo para ser discutido, analisado, avaliado?

Penso ser importante reunir professores de diferentes disciplinas ligadas a uma área de conhecimento e propor que discutam ou proponham um tema comum a ser desenvolvido no contexto de um projeto, de uma prova ou aula. Julgo relevante que professores de uma disciplina façam seminários para seus colegas de outras séries ou ciclos e que os ajudem a ampliar seus conhecimentos ou a criticar o que fazem em suas classes com temas que envolvam conteúdos de sua especialidade. Quem sabe isso também ajudasse os professores do ensino médio, por exemplo, tão sozinhos e restritos à sua própria disciplina. Por que não juntarmos nossas forças? Por que professores de diferentes disciplinas pertencentes a uma mesma área de conhecimento ou envolvidos em um mesmo projeto não podem pensar questões que lhes sejam comuns?

COMO ENSINAR OU APRENDER
POR MEIO DE SITUAÇÕES-PROBLEMA?

Em *Dez novas competências para ensinar*, Perrenoud (2000, p. 42-43) transcreve as 10 características de uma situação-problema, indicadas por Astolfi:

1. Uma situação-problema é organizada em torno da *resolução de um obstáculo* pela classe, obstáculo previamente *bem identificado*.

2. O estudo organiza-se em torno de uma *situação de caráter concreto*, que permita efetivamente ao aluno formular *hipóteses e conjecturas*. Não se trata, portanto, de um estudo aprofundado, nem de um exemplo *ad hoc*, de caráter ilustrativo, como encontrados nas situações clássicas de ensino (inclusive em trabalhos práticos).

3. Os alunos vêem a situação que lhes é proposta como um *verdadeiro enigma a ser resolvido*, no qual estão em condições de investir. Esta é a condição para que funcione a devolução: o problema, ainda que inicialmente proposto pelo professor, torna-se "questão dos alunos".

4. Os alunos *não dispõem, no início, dos meios para alcançar a solução buscada*, devido à existência do obstáculo a transpor para chegar até ela. É a necessidade de resolver que leva o aluno a elaborar ou a se apropriar coletivamente dos instrumentos intelectuais necessários à construção da solução.

5. A situação deve oferecer *resistência suficiente*, levando o aluno a investir nela seus conhecimentos anteriores disponíveis, assim como *suas representações*, de modo que ela leve a questionamentos e à elaboração de novas idéias.

6. Entretanto, a solução não deve ser percebida como fora de alcance pelos alunos, não sendo a situação-problema uma situação de caráter problemático. A atividade deve operar em uma *zona próxima*, propícia ao *desafio intelectual* a ser resolvido e à *interiorização* das "regras do jogo".

7. A *antecipação* dos resultados e sua expressão coletiva precedem a busca efetiva da solução, fazendo parte do jogo o "risco" assumido por cada um.

8. O trabalho da situação-problema funciona, assim, como um *debate científico dentro da classe*, estimulando os *conflitos sociocognitivos* potenciais.

9. A *validação* da solução e sua *sanção* não são dadas de modo externo pelo professor, mas resultam do *modo de estruturação da própria situação*.

10. O reexame coletivo do caminho percorrido é a ocasião para um *retorno reflexivo*, de caráter metacognitivo; auxilia os alunos a se conscientizarem das *estratégias* que executaram de forma heurística e a estabilizá-las em *procedimentos* disponíveis para novas situações-problema.

Nesse mesmo livro, Perrenoud (2000) pergunta: "Como pensar a didática hoje?". Ele diz, por exemplo, que "a primeira grande competência

As competências para ensinar no século XXI **119**

do professor hoje é organizar e dirigir situações de aprendizagem". Sabemos que, diante disso, um professor pode dizer: "Bem, mas isso é o que sempre fizemos, sempre elaboramos planos de aula, sempre organizamos uma situação de aula". Só que Perrenoud propõe como nova competência ou desafio para nós, professores, sabermos propor e gerir situações de aprendizagem na perspectiva de uma escola diferenciada, ou seja, que leve em conta características, ritmos, motivações dos alunos e não que apenas incite professores e alunos a ficarem "correndo" atrás de programas.

Le Boterf (1975, 2000) analisa competência como mobilização de recursos, isto é, saber gerir, gerenciar. O tempo gerundivo vem de gerir e o interessante do gerir e do gerúndio é que esse tempo só pode ser "sendo": ele não pode ser nem antes nem depois, só é enquanto sendo, enquanto se tornando ou se realizando. Essa é uma das características de uma situação-problema, pois só podemos vivê-la sendo atravessados pelos desafios, obstáculos, perturbações, riscos e tomadas de decisão que nos mobilizam.

Como ensinar em um contexto de situações-problema? Uma situação-problema requer o enfrentamento e, se possível, a resolução de um obstáculo previamente identificado pela classe. Ou seja, uma situação-problema deve ser identificada, o obstáculo deve ser reconhecido e ter sentido de aprendizagem. O interessante na idéia de situação-problema é que há desejo de resolver, há intenção de alcançar um bom resultado, embora nem sempre as decisões tomadas sejam bem-sucedidas. Em outras palavras, uma situação-problema continua como tal mesmo que a resolução não seja a melhor. Então, a solução expressa-se como intenção, projeto, e não como condição. É claro que o resultado favorável ao objetivo ou meta é o que almejamos, mas o trabalho, o raciocínio e o processo de enfrentar a situação-problema também valem a pena. Assim, uma situação continua sendo um problema mesmo que naquela situação não obtenhamos o melhor resultado. Daí seu sentido construtivo: Como aprender com os erros? Como melhorar? Como aperfeiçoar?

O estudo organiza-se em torno de uma situação de caráter concreto que permita efetivamente ao aluno formular hipóteses e conjecturas. Os alunos vêem a situação que lhes é proposta como verdadeiro enigma a ser resolvido. É muito difícil falar nesse espírito investigativo de uma fala que responde a uma pergunta que o perguntador sabe seu sentido, busca sua melhor resposta. Nem sempre sabemos fazer perguntas e encontrar nas respostas, ainda que passageiras, o refrigério daquilo que a pergunta coloca como inquietação. Os alunos não dispõem no início dos meios adequados para a solução buscada. Por isso, a situação é de aprendizado. O que mais temos a fazer? O que podemos fazer melhor? O que é necessário mobilizar? A que devemos recorrer?

Uma situação-problema, como situação de aprendizagem, coloca um desafio intelectual, algo a ser superado. Ela pede antecipação dos resultados, planejamento, correr riscos, portanto, reflexão, tematização, disputa, enfrentamento de conflitos, tensões, paradoxos, alternativas diversificadas ou argumentações.

COMO AVALIAR POR MEIO DE SITUAÇÕES-PROBLEMA?

Uma das características da noção de competência, segundo Perrenoud (1999, 2000), é desafiar o sujeito a mobilizar recursos no contexto de uma situação-problema para tomar decisões favoráveis ao seu objetivo ou às suas metas. Sabemos, e muitas vezes lamentamos, que nem sempre podemos ou nos permitimos, em uma determinada situação, recorrer a tudo o que dispomos em favor da solução dos problemas que ela envolve. Esquecemos, não articulamos uma informação com outra, antecipamos pouco, misturamos medos, fantasias ou expectativas irrealizáveis com informações ou fatos, não consideramos os diversos fatores relacionados ao problema, enfim, não diferenciamos e integramos os elementos que nos possibilitariam fazer algo melhor. É assim que acontece, por exemplo, em uma prova. Na hora de sua realização, "travamos", esquecemos, damos respostas apressadas, simplificamos, não dispensamos atenção suficiente para uma série de detalhes que, mais tarde, com a "cabeça fria", lamentamos, pois dispúnhamos das informações ou sabíamos como fazer.

Uma situação-problema, em um contexto de avaliação, por exemplo, em uma prova de múltipla escolha, define-se por uma questão que coloca um problema, ou seja, faz uma pergunta e oferece alternativas das quais apenas uma corresponde ao que é certo quanto ao que foi enunciado. Para isso, a pessoa deve analisar o conteúdo proposto na situação-problema e, recorrendo às suas competências de leitura, comparação, raciocínio, etc., decidir sobre a alternativa que melhor expressa o que foi proposto. Quais são os indicadores ou observáveis de que dispomos ou que podemos construir em favor de uma boa resolução dessa tarefa? Os observáveis podem provir seja do objeto ou do sujeito (Piaget, 1976). Os observáveis do objeto referem-se ao que o enunciado da questão formula, ou ao que recorre, sobre o conteúdo a ser avaliado. O proponente da questão, no caso, apoiado em seus conhecimentos sobre o assunto a ser avaliado, tendo em vista os objetivos da prova (avaliar competências e habilidades, por exemplo) e recorrendo aos meios que lhe são disponíveis (avaliar no contexto de uma situação-problema), estrutura um texto que expressa observáveis sobre o assunto a ser testado. A pessoa que está sendo avaliada, de sua parte, lê o enunciado e interpreta-o. Para isso, necessita raciocinar, isto é, coordenar

As competências para ensinar no século XXI   **121**

as informações em favor do objetivo visado. O que está sendo perguntado? Quais as informações disponíveis no enunciado? Também deve realizar operações que produzam novas informações, confirmam ou resolvem o que está sendo proposto. Essas operações são, por exemplo, interpretar, analisar, comparar. Uma outra atividade importante a ser realizada é comparar, entre as alternativas oferecidas, a que melhor corresponde ao que foi perguntado e ao que o avaliado sabe ou concluiu sobre o que se perguntou. Articulando e dando sentido a tudo isso há, igualmente, o que podemos chamar de circunstância ou contexto da prova, com tudo o que representa para o aluno, sua família ou a sociedade.

A pretensão é que os alunos, mesmo no contexto de uma prova, possam aprender, possam ser desafiados por intermédio de questões cujas respostas requeiram análise, compreensão, tomadas de decisão, questões que sejam bem formuladas e instigantes. Formas de avaliação que sejam um convite ao raciocínio, ao compensar perturbações, no sentido de escolher a melhor alternativa para uma situação-problema tal como foi proposta. Apesar das dificuldades de sua elaboração, vale a pena considerar contextos de avaliação que se realizem como oportunidades de aprendizagem.

Os indicadores correspondem, portanto, ao conjunto de sinais, marcas, informações, aspectos destacáveis no texto do enunciado, bem como ao conjunto de pensamentos, idéias, representações, lembranças, raciocínios, sentimentos do sujeito que está respondendo à questão. Esses indicadores relativos ao objeto, que o sujeito pode observar, e os indicadores relativos ao próprio sujeito, juntos, produzem os elementos cujo julgamento permitirá a tomada de decisão sobre o que está sendo perguntado e as alternativas disponíveis, das quais apenas uma delas é a correta. A inferência possibilita a conclusão ou a tomada de decisão, em um contexto de julgamentos, raciocínios, interpretação de informações, em favor de uma das alternativas propostas.

Nesse sentido, uma questão implica simultaneamente três tipos de interação. Primeiro, construir ou considerar as diferentes partes que correspondem aos elementos constituintes da situação-problema como um todo. Segundo, articular ou coordenar cada uma das partes ou elementos disponíveis com o próprio todo. Terceiro, tomar o todo como o que estrutura, dá sentido e por isso regula toda a situação. Essa regulação pode ser uma resposta a questões como: O enunciado cria um contexto ou circunstância que confere ao item uma autonomia, no sentido de ser um bom recorte ou situação-problema? A tarefa a ser realizada (especificada, principalmente, nas competências transversais que definem o que se espera do trabalho proposto) está bem caracterizada? É possível realizar a tarefa nos limites espaciais e temporais, aceitos ou determinados para a prova? As alternativas estão bem formuladas e criam obstáculos (no sentido de Meirieu) que convidam à reflexão do aluno e expressam diferentes graus de articulação entre o enunciado e a alternativa que melhor define a resolução do problema proposto? É o conjunto do item que regula e dá direção ao trabalho?

Uma boa questão deve propor um percurso entre uma situação de partida, que corresponde à proposição do enunciado, até um ponto de chegada, que corresponde à escolha da alternativa, suposta pelo avaliado como a que melhor representa a resposta correta.

Esta pergunta é fundamental: Como avaliar uma situação-problema em um contexto de sala de aula, de nossos projetos, de nosso trabalho, enfim, das atividades que fazemos na escola? Por que avaliar competências e habilidades por meio de situações-problema ou de projetos? Por que avaliar competências e habilidades por meio de situações-problema? O que é competência e habilidade?

QUAL É A RELAÇÃO ENTRE COMPETÊNCIA E SITUAÇÃO-PROBLEMA?

Apoiado em Perrenoud (1999), proponho que consideremos competência segundo três características: tomada de decisão, mobilização de recursos e saber agir, enquanto construção, coordenação e articulação de esquemas de ação ou de pensamento. Nessa perspectiva, o que é tomar decisão? Por que competência tem a ver com tomar decisão? Por que tomar decisão hoje tem uma especificidade diferente de outros tempos?

No dicionário, a palavra competência refere-se a uma atribuição que alguém – uma instituição ou a própria pessoa – recebe ou se dá para tomar decisão sobre alguma coisa. A escola atribui uma competência aos seus alunos: saber ler ou escrever, ter concluído o ensino médio ou superior, por exemplo. O médico recebeu de uma instituição a atribuição, o poder de tomar decisões sobre nossa saúde ou doença. Não se trata, pois, de tomar decisão em um sentido qualquer; por isso, competência refere-se especialmente ao mundo do trabalho. Como profissionais, recebemos uma atribuição para tomar decisões que implicam recursos, participação coletiva, correr riscos que vão além da própria pessoa. Portanto, competência implica saber apreciar, julgar.

Ser competente é ousar julgar em momentos de incerteza, dificuldade, ambivalência, contradição, dúvida e, por isso, ser competente é ser tolerante, generoso (Macedo, 2001). Tolerante no sentido de aperfeiçoamento, correção, retomada e, com modéstia, ver os diferentes aspectos que devem ser considerados em função de um contexto, de uma história e configuração atual. Tomar decisão expressa então conflitos, oposições, e o que lamento é que freqüentemente nos sentimos pouco autorizados e pou-

As competências para ensinar no século XXI **123**

co competentes para tomarmos decisões a respeito do nosso trabalho. Por exemplo, recorremos aos livros, diretores, orientadores em hora errada e perdemos nossa autoridade em sala de aula, porque competência relaciona-se com autoridade, e não com o autoritarismo, com assumir compromissos e, de forma autônoma, ousar, correr riscos, julgar algo na precariedade da situação, não delegando ou postergando algo que só pode ser julgado naquela situação, envolvendo as pessoas que estão nela incluídas. É uma pena quando um professor retira de si o dever de realizar sua autoridade nos limites de uma dada situação. É claro que depois deve retomar a situação e discuti-la com o orientador e com os colegas, fundamentar-se nos livros, refletir, analisar, fazer gráficos. Construtivismo é coordenar perspectivas, mas coordenar perspectivas em favor de uma direção ou valor e em contexto que será sempre atravessado pela dúvida, pelo conflito, pela oposição, pela atenção, por aquilo que distrai ou separa. Construir é coordenar perspectivas na direção pretendida, mas coordenar perspectivas na complexidade de algo que sempre se expressará, seja como conflito, ambivalência, dúvida, jogo de contradições.

Decidir implica julgar. O que é julgar? O que é analisar? O que é avaliar? O que é observar? A escola foi, é e sempre será o lugar de conhecimentos que uma cultura não pode esquecer, daquilo que uma cultura, sociedade ou civilização melhor reuniu como técnica, conhecimento, explicação ou regularidade sobre algo considerado relevante para os seres humanos, os seres vivos ou a natureza. A escola sempre será o lugar do conhecimento, porém articulado com a questão da competência, nos termos em que ela se coloca hoje.

O que é competência no sentido de mobilização de recursos? Uma boa situação-problema mobiliza os recursos a que o aluno pode recorrer naquele momento ou circunstância. Competência é saber mobilizar recursos afetivos, cognitivos. O contexto de vestibular, por exemplo, é muito interessante para ilustrar isso. Às vezes, um jovem tem melhor desempenho no ano em que faz o exame apenas como treino do que quando é para valer mesmo, talvez porque esteja mais tranqüilo, menos ansioso por um bom resultado. Às vezes, ao terminar uma conferência, por exemplo, damo-nos conta de que tínhamos algo melhor para oferecer aos ouvintes, mas fomos traídos pela ansiedade, pela pressa, e deixamos de oferecer algo melhor ou mais pertinente. A mobilização de recursos tem a ver com as circunstâncias, com o desejo ou o propósito. Que recursos podemos mobilizar, dentro de nós, nas circunstâncias em que realizamos uma certa atividade, de nosso trabalho, em favor de algo que vale a pena? O conhecimento também é uma das melhores fontes de mobilização de recursos.

A terceira característica de competência é saber agir, saber dizer, saber comunicar, saber fazer, saber explicar, saber compreender, saber encontrar a razão, ou seja, a competência é aquilo que organiza e que, portanto, dá base para que algo possa realizar-se enquanto representação, pensamento, ação, compreensão ou sentido (Le Boterf, 1974, 2000). Por isso, no desenvolvimento de competências, estes verbos são fundamentais: abstrair, ou seja, retirar de uma situação algo que tenha valor de lição, generalizar, transferir com as adaptações que sempre serão necessárias, nos termos já mencionados, aprender com a experiência, sabendo que a experiência sempre será suficiente porque a situação é cada vez única e original, embora seja possível recorrer a ela, mobilizá-la.

Em suas pesquisas, Piaget sempre se interessou pelo pensamento das crianças a respeito de noções ensinadas nas escolas. Por exemplo, o que é número para uma criança? Hoje, valoriza-se, igualmente, a consciência dos professores, isto é, suas representações sobre questões escolares. Ou seja, não basta reconhecer os pensamentos das crianças, suas hipóteses, se não valorizarmos as hipóteses ou os pensamentos dos professores. É importante que os diretores ou coordenadores pedagógicos tenham coragem e abertura para permitirem que um professor possa dizer o que pensa sobre a escola, sobre o programa, sem medo de ser mandado embora, de ser criticado ou punido.

Os esquemas são hábitos, organizações de vida que pautam nossa conduta, uma conduta que sempre será bonita, original, pois sua base é a que nos dá coordenadas para nossas realizações. Isso significa dizer que o esquema, enquanto conteúdo, repete uma única vez. Como forma, o esquema é uma organização espaço-temporal de nossos gestos, pensamentos, pois conseguiram uma lógica, regra, valor ou consistência interna, cuja álgebra é a invariância, enquanto não se tranforma ou coordena com outros esquemas, mas com essa condição de, como conteúdo, se repetir só uma vez, por mais paradoxal que isso possa parecer.

POR QUE SITUAÇÕES-PROBLEMA E COMPETÊNCIAS HOJE?

Competência, situação-problema, habilidades sempre foram questões fundamentais para a nossa sobrevivência em todos os sentidos. Qual é a novidade desse tema hoje? A novidade é que antes pautávamos nossa conduta tendo como referência principalmente o passado, a tradição, aquilo que a cultura da comunidade apontava-nos como referência para as tomadas de decisão, para as nossas mobilizações de recursos. Uma jovem criaria seu filho do modo como sua mãe, avó ou comunidade sempre praticou. Suas referências ou valores estavam apoiados pela comunidade, pela Bíblia, pela cultura, por tudo aquilo que a sociedade valorizou e que nunca pôde esquecer. Só que hoje, além do passado como organizador de nosso presente, também temos o futuro, a tecnologia, com suas surpresas, suas novas oportunidades, seus valores alternativos. É claro que o passado continua sendo importante, aliás, hoje temos consciência do quanto os valores são importantes. Não é por acaso que, atualmente, se fala tanto de valores, da recuperação de coisas que não poderíamos ter jogado fora. A novidade agora é que nós também temos o futuro como organizador do presente. É claro que tal fato acontecia com nossos antepassados, mas o futuro era lido ou interpretado de um modo diferente de como se configura hoje.

Atualmente, temos uma tecnologia que nos ameaça enquanto seres vivos: pela uniformização, pela destruição do repertório, do multifário de possibilidades de combinatório que é a experiência humana. Uma tecnologia que em cinco anos, por exemplo, pode alterar radicalmente a importância de certos recursos na escola. Enfim, temos uma tecnologia que torna rapidamente obsoleta uma solução de problema ou uma oferta de recurso e que demanda uma orientação para frente. Nossa sociedade é organizada por projetos no sentido de que, se não anteciparmos com seriedade, disciplina, competência, se não mobilizarmos recursos de uma forma eficiente em favor de nossos projetos, eles não se realizarão porque estaremos sendo sempre atropelados por coisas "imperdíveis", ainda que impossíveis de serem consideradas simultaneamente. Por exemplo, muitas coisas são julgadas "imperdíveis", isto é, devem ser feitas em um dia que continua com 24 horas e adquiridas com um salário que, para a maioria de nós, é fixo e limitado. E são coisas repletas de valor, plenas de justificativas. Haja competência! Haja mobilização de recursos para não nos perdermos na violência, no sem sentido, na loucura, na insensatez, na usurpação, no roubo, na mentira, no conseguir a qualquer preço, justificados por uma demanda que cada vez mais nos sufoca se prestarmos atenção somente nela enquanto demanda, se não tivermos valores, opções, recursos para dar prioridades, para traduzir aqueles indicadores que expressam algo mais condizente com aquilo que pensamos como melhor para nós e para aqueles que nos são caros!

Esta é a nova configuração de competência e de situação-problema: preservar o passado como organizador de nosso presente naquilo que ele tem de melhor e organizar um presente em nome desse futuro, com suas incertezas, com sua loucura, com sua insensatez e, ao mesmo tempo, com tudo de esperança, de abertura, de novidade, de facilidades que ele pretende proporcionar-nos.

As situações-problema propõem uma tarefa para a qual o sujeito deve mobilizar recursos, ativar esquemas e tomar decisões. Contudo, há uma diferença, por exemplo, entre essa tarefa e a realizada pelas máquinas. As máquinas ou tecnologias também resolvem problemas e realizam tarefas, mas os objetivos em uma máquina correspondem ao comando desencadeado por alguém ou por algum dispositivo que define respostas ou realização de ações com duração e seqüências programadas. Os meios e recursos em uma máquina expressam sua constituição física ou "sintática" preparada para reagir. Os resultados são a culminação daquilo que foi decidido fazer ou produzir, ou seja, uma máquina sabe fazer, porém não compreende, nem reflete sobre o que faz. Não avalia as conseqüências de suas ações. Não se compromete, nem se responsabiliza pelo que faz. Não gosta, nem se alegra, nem fica triste, nem se sente realizada com o que faz. Seu projeto executivo reflete as intenções de seu programador ou construtor, caracteriza as possibilidades mecânicas de sua composição, define os limites de seu programa. No entanto, organizar um mundo tecnologicamente corresponde a decisões políticas, a interesses humanos que definem o sucesso e o fracasso de outros seres humanos em sua vida. As máquinas agem em um contexto uniforme, não-crítico, que realiza o que está programado para ser feito, sem se importar com as conseqüências de sua ação. Por isso, em uma perspectiva construtivista, não interessa analisar a capacidade das máquinas em realizar tarefas ou processar informações, e sim as competências dos sujeitos, das pessoas que vivem em um mundo agora cada vez mais tecnológico.

A competência sempre tem uma dimensão relacional, porque expressa, no plano interno ao sujeito, o desafio de diferenciar e integrar as partes e o todo que estruturam e organizam suas interações com o mundo e consigo mesmo. Além disso, expressa a dimensão interdependente das interações entre sujeito e objeto. Há, nesse sentido, uma relação interpessoal ou institucional que solicita o desenvolvimento de competências muito importantes. Autonomia, respeito, tolerância, responsabilidade, construção e respeito a regras sociais, amizade, compromisso, etc., são qualidades que regulam, em sua direção positiva, as relações entre as pessoas ou as instituições. Contudo, sabemos que inveja, ciúme, rivalidade, competição e interesses pessoais mesquinhos também podem regular nossas tomadas de decisão.

A competência ainda se expressa em nossos cuidados em relação aos objetos. Temos destruído a natureza, intoxicado os rios, a atmosfera, depredado os bens públicos, maltratado nossos corpos e abandonado regras e princípios que a humanidade e a natureza levaram séculos e séculos para construir. Quantos séculos mais serão necessários para reconstruí-los? Ignoramos as leis físicas, químicas, sociais e políticas que explicam a regularidade dos fenômenos e qualificam formas de intervenção ou gerenciamento melhores do que outros. Não temos sabido cuidar dos objetos que nos são mais caros. Temos cedido ao apelo tecnológico que, em nome da globalização, uniformiza, simplifica e define um padrão único que, pouco

As competências para ensinar no século XXI **127**

a pouco, haverá de descaracterizar o multifário das expressões e formas humanas e sociais de resolver problemas de nossa sobrevivência nos diferentes lugares de nossa terra. Em uma palavra, não temos sabido definir e aplicar as competências que expressam cuidado e respeito para com os objetos que nos são importantes.

A competência também se expressa em relação às tarefas ou ao trabalho humano frente às pessoas e aos objetos. Concentração, disciplina, respeito, cooperação, autonomia, cumprimento de metas, prazos, etc., são competências importantes quando organizamos nossas relações com pessoas, instituições ou objetos em um contexto de tarefas. Como desenvolver essas competências na escola? Como avaliá-las ou valorizá-las? As situações-problema, bem como os procedimentos de projetos, podem ser duas boas estratégias para isso. A realização de projetos não precisa ser algo grandioso, que envolva toda a escola ao longo de um ano letivo. Pode ser, por exemplo, redigir um texto (em uma ou duas horas de trabalho) que nos possibilite refletir, elaborar propostas, argumentar em favor de um tema relevante.

O ser humano toma decisões, formula julgamentos, compromete-se com uma resposta. Tomar decisões é mais do que resolver um problema, pois implica mobilizar valores, estabelecer raciocínios, enfrentar dilemas e decidir pelo que se julga melhor, mais justo, mais condizente para o sujeito e para a sociedade à qual pertence. As máquinas apenas resolvem os problemas ou realizam tarefas para as quais já estavam preparadas para resolver. Se lhes propomos algo fora desse esquema, elas não resolvem, quebram, informam, por exemplo, ter ocorrido erro de sintaxe. As pessoas resolvem problemas em um contexto de tomada de decisões, de enfrentamento de dilemas ou situações que admitem várias alternativas, sendo algumas incorretas, outras melhores, e uma outra que corresponde à melhor solução no contexto da pergunta ou do problema que estão sendo abordados. As máquinas não julgam o que realizam, por isso podem ser manipuladas por motivos muito diferentes. As pessoas julgam o que realizam, devem saber se o que fazem está certo ou errado, se é digno ou não para sua vida ou para a vida de seus semelhantes. As pessoas comprometem-se e responsabilizam-se pelo que fazem e pelas circunstâncias, ainda que aleatórias, que caracterizam os seus fazeres.

Essas considerações são importantes porque é possível formular uma questão na perspectiva do modo como as máquinas funcionam, e não no modo como as pessoas funcionam ou que se espera que elas funcionem. Por isso, para avaliar se uma situação-problema é boa ou não, precisamos julgar se a questão requer tomada de decisões em um contexto de problemas, na perspectiva das pessoas ou das máquinas. Tratar alguém como máquina é exigir ou esperar que ela aja como uma máquina, que tenha memória de máquina, que trate o conhecimento como jogo de informações, que trate os cálculos como forma de processar e não como meios para outros fins. Além disso, devemos observar se a questão expressa-se em um contexto de dilemas, ou seja, em que a pessoa deve posicionar-se, julgar, interpretar. Para isso, precisamos verificar se as alternativas coordenam-se com o enunciado e manifestam esse espírito de se responsabilizar pela resposta, julgar e interpretar em face dos indicadores disponíveis (seja no plano da questão, seja no plano das reflexões ou do raciocínio da pessoa que está respondendo à questão). Devemos verificar se a questão compromete-nos com uma resposta; e se essa resposta, mesmo que em um contexto artificial de simulação, como é o caso de uma avaliação escolar, projeta-nos para uma situação de vida real em que suas conseqüências seriam prejudiciais para a natureza ou para a vida.

SITUAÇÃO-PROBLEMA COMO
MODO DE AVALIAÇÃO FORMATIVA

Nosso próximo objetivo é apresentar uma reflexão sobre a situação-problema no contexto de uma avaliação que se pretende formativa, isto é, posta a serviço de aprendizagens, nos termos definidos por Perrenoud (1999) e, sobretudo, por Hadji (2000). Para isso, escolhemos como caso uma situação tradicional de avaliação certificativa ou somativa – uma prova com questões de múltipla escolha –, buscando analisá-la, na perspectiva de Piaget, como uma experiência que, se bem construída em termos de situação-problema, também pode ter uma função formativa.

Uma situação-problema, como técnica de avaliação ou concepção de aprendizagem, deve compor um sistema, ao mesmo tempo, fechado (como um ciclo) e aberto. Fechado como ciclo no sentido de que convida o aluno a percorrer o seguinte percurso no contexto de cada questão: 1) alteração, 2) perturbação, 3) regulação e 4) tomada de decisão (ou formas de compensação). Aberto no sentido de que propõe trocas ou elementos de reflexão que transcendem os limites da prova e ilustram, ainda que como fragmentos ou lampejos, algo que será sempre maior e mais importante do que as circunstâncias de uma prova, com todos os seus limites e com toda a precariedade de sua realização.

Alteração

Diante de uma alteração, podemos renunciar a ela, negá-la, considerá-la como sem valor, ou enfrentá-la. Enfrentar uma alteração significa enca-

As competências para ensinar no século XXI **129**

rar os obstáculos que nos cria como problemas que requerem consideração, resposta, tomada de posição, leitura ou observação. Por isso, uma situação-problema cria obstáculos, chama atenção para algo sobre o qual nossos recursos são insuficientes e convida-nos a superar, aprofundar, estender, mesmo que minimamente, os limites de nosso conhecimento.

Há alterações que criam perturbações, desafios, exigem coordenações específicas, requerem regulações (Piaget, 1976). As regulações são formas de calibração, são ações que confirmam, corrigem, substituem, modelam algo em função de resultados ou objetivos esperados. Além disso, referem-se à busca de harmonia, de equilibração, por intermédio da qual valores, intenções e finalidades operam como coordenadas que orientam nossas ações ou nossos propósitos. Por exemplo, no contexto de uma aula, o professor está falando demais, muito depressa ou devagar? Como se relaciona com os alunos, com o conteúdo que está sendo transmitido, com o tempo e os recursos disponíveis para sua comunicação? Estas são perguntas que ele deve considerar o tempo todo. O que pode fazer mais, melhor, menos, igual? O que deve alterar para tornar a aula mais interessante? A quais recursos pode recorrer para tornar o assunto mais instigante? Esse é o desafio de uma situação-problema.

A situação-problema propõe, como já comentamos, uma forma de interação do aluno com uma questão a ser resolvida, não como se ele fosse uma máquina, e sim uma pessoa. A situação-problema, por seu enunciado, cria um contexto que formula uma alteração a ser examinada pelo aluno. O contexto do enunciado expressa-se pela forma e pelos conteúdos de sua proposição. A alteração diz respeito a uma modificação a ser considerada pelo sujeito. As alterações propostas em uma situação-problema podem ser artificiais, por oposição a alterações naturais (tanto no sentido físico, orgânico, quanto nas contingências de nossa vida e do jogo de sua realização). Quando artificial, a situação-problema simula, recorre, inventa ou cria contextos que favorecem a avaliação ou o julgamento de determinada questão.

Diante de uma alteração, mesmo que artificialmente produzida, podemos ter duas classes de reações. Uma delas se manifesta pela indiferença ou pela divagação que impede a compreensão do problema como tal, pelo medo que afasta ou desestimula a continuar, pelo sentimento de que não temos recursos ou condições de enfrentar o problema, pelo julgamento do que o problema é irrelevante ou que não faz sentido para nós. Por isso, um conjunto de situações-problema deve conter questões fáceis, difíceis ou intermediárias, isto é, deve propor diferentes graus de obstáculo para sua realização. Todavia, em qualquer nível de dificuldade, deve expressar algo significativo para o sujeito e para o assunto que está sendo objeto de avaliação.

A segunda classe de reação a uma alteração refere-se à perturbação, à solução ou à neutralização do que foi alterado. No contexto de nossas considerações, interessa apenas a situação-problema que produz uma alteração e que convida o sujeito a reagir ou agir frente à alteração. Por isso, se a situação-problema produz respostas relativas à primeira classe de reações, ela não é boa para nossos objetivos.

Meirieu (1998) argumenta que é melhor analisarmos a situação-problema em termos dos obstáculos a serem superados pelo aluno, e não por seu grau de dificuldade. Assim, um obstáculo pode ser grande, médio ou pequeno e referir-se à tomada de decisão do construtor ou do autor do item em propor conteúdos, ou situações a serem decididos pelo aluno, que tenham níveis diferentes de obstáculo. Ou seja, a dificuldade é do aluno para responder à questão; o obstáculo é a decisão do construtor do item. Há obstáculos que, para certos alunos, são muito difíceis, e, para outros, nem tanto.

Uma noção comparável à de obstáculo seria a "resistência" do objeto em face dos esforços de sua assimilação pelo sujeito (Piaget, 1976). Um sujeito, ao se interessar por assimilar um objeto (olhar, pegar, resolver o problema colocado por ele), encontra uma resistência. Quanto maior a resistência, maior o desafio em realizar acomodações, isto é, alterar – em compreensão ou extensão – seus esquemas de assimilação. Os limites dessas alterações são, segundo Piaget, definidos pelas estruturas que definem as possibilidades relacionais do sistema cognitivo do sujeito. A resistência refere-se, então, aos obstáculos que um objeto exerce, por suas características (físicas, químicas, etc., ou, no nosso caso, pelo modo como a situação-problema foi proposta), sobre o sujeito.

Perturbação

Uma perturbação expressa o fato de que uma alteração foi assimilada como um problema, isto é, que os elementos para a resposta não estão totalmente dados ou são insuficientes. Se alguém nos faz uma pergunta e sabemos/queremos fornecê-la a quem nos perguntou, então é uma alteração que propõe um mínimo de perturbação, pois não implica trabalho em buscar soluções, correr riscos, etc. Assimilar uma alteração como um problema é permitir-se envolver com a busca ou construção de uma resposta que, no momento, melhor exprime nosso entendimento da questão. A perturbação produz um desequilíbrio, rompe com a suficiência do que o sujeito supunha saber sobre determinado assunto, revela a limitação dos nossos recursos para a resposta, cria uma insuficiência dos meios ou das informações. Convida-nos a prestar atenção nas informações dadas no enuncia-

As competências para ensinar no século XXI **131**

do, efetuar cálculos, observar, comparar, reunir conhecimentos, identificar coisas e fazer ordenações.

Os graus de perturbação oscilam entre um máximo e um mínimo. Uma questão fácil impõe um pequeno obstáculo, produz uma perturbação mínima, pois o sujeito, sem a mobilização de grandes recursos, sente-se capaz de optar rapidamente e com certa segurança pela melhor alternativa entre as indicadas. Uma questão difícil propõe uma perturbação máxima ou, às vezes, um obstáculo intransponível para o sujeito.

A perturbação cria uma ruptura que requer o trabalho de recuperação de um todo que foi rompido. Nesse sentido, uma situação-problema representa, por seu enunciado, a criação de uma perturbação que altera algo no sujeito e que possibilita, ao propor o conjunto das alternativas, a oportunidade de fechamento do ciclo aberto pelo enunciado.

O que fazemos diante de uma perturbação? Como na alteração, podemos observar duas classes de reação. A primeira delas refere-se a uma forma negativa de reação. O sujeito desiste, posterga a tarefa, irrita-se, sente-se desqualificado para coordenar as informações ou para aproveitar os indicadores ou as dicas oferecidas tanto no enunciado quanto nas alternativas de respostas; sente-se incapaz de recorrer aos seus recursos de raciocínio, aos conhecimentos ou às informações que possui sobre o assunto, é dominado pela dúvida, pela pressa em encontrar logo a resposta, tenta adivinhar ou "chutar", não recorre ao melhor de si e a tudo aquilo que está informado na questão. Nesse caso, a perturbação não gera um trabalho de conhecimento, nem a busca de uma melhor solução.

Na segunda classe de reação à perturbação, observamos um trabalho de regulação. Uma boa avaliação deve conter questões ou problemas que mobilizem esse tipo de reação às perturbações. No caso de uma prova, essa questão é muito especial, porque nos compromete com uma boa proposição de alternativas para a resposta correta. Assim, as alternativas apresentadas, em princípio, expressam diferentes soluções ou modos de se compensar uma perturbação, sendo que apenas uma delas se configura como a melhor solução nos termos da situação-problema ou tarefa.

Regulação

A regulação refere-se ao trabalho do sujeito diante de uma perturbação no contexto das interações provocadas pela situação-problema, tal como são formuladas. Consiste no que fazemos para recuperar o equilíbrio rompido pela pergunta ou pelo problema proposto, abrangendo as formas de compensarmos uma perturbação. Escolher, por meio do trabalho da reflexão e de tomada de decisão, a melhor alternativa para uma questão significa realizar uma compensação perfeita, pois recupera o ciclo rompido pela perturbação provocada pela questão.

O trecho de Piaget, transcrito a seguir, sintetiza bem o que pretendi analisar:

> O ponto mais discutível das minhas teses é o caráter indissociável que eu estabeleço no terreno cognitivo entre as compensações e as construções e foi isso que me fez considerar desejável um estudo sobre os possíveis. Terminaria hoje a minha argumentação do seguinte modo: a) quando uma perturbação considerada como tal intervém no curso das atividades do sujeito, este procura compensá-la. b) Mas essa reação compensadora não se limitaria no plano cognitivo a um simples regresso ao estado anterior, já que a atividade perturbada se torna por isso mesmo perturbável, e que a partir de então há que consolidá-la, o que significa completá-la ou melhorá-la. c) Essa exigência de superação que implica uma abertura antecipadora sobre novos possíveis (mesmo que não intervenha senão sob a forma de tendência, procura ou tateios, sem precisar quais os meios eventuais) é especial no domínio do comportamento, em oposição às homeostasias puramente fisiológicas. d) Desde o início que a reação compensadora cognitiva é orientada para o aperfeiçoamento, o que implica, desde o plano do possível, uma tendência para a construção, já que a atividade perturbada é considerada como perfectível. e) A regulação cognitiva aparece assim nas suas origens como o aperfeiçoamento possível de uma atividade que se insere a si mesma, por isso, num leque mais dilatado dos possíveis. f) Quanto às atualizações, elas equivalem assim aos processos alfa, beta, gama; alfa: neutralização da perturbação, portanto equilíbrio entre assimilação e acomodação; beta: início de integração da perturbação sob forma de variação no interior do sistema reorganizado, portanto equilibração entre subsistemas; e gama: antecipação das variações possíveis com o equilíbrio entre as diferenciações e a integração num sistema total. Nesses três casos, a equilibração é "majorante" e portanto construtiva. (Piaget em Inhelder, Garcia e Vonèche, 1996, p. 21)

Penso que esse texto de Piaget traz considerações interessantes ao nosso estudo:

- No terreno cognitivo, compensações e construções têm um caráter indissociável, pois, quando uma perturbação intervém no curso das atividades de um sujeito, ele busca compensá-la.
- A reação compensadora, no plano cognitivo, não consiste em uma volta ao equilíbrio anterior, mas supõe completar, melhorar ou consolidar algo que ganhou modificação.
- A exigência de superação implica abertura antecipatória sobre novos possíveis (mesmo que ocorra apenas como tendência, procura ou tateios).

As competências para ensinar no século XXI **133**

- A reação compensadora cognitiva é orientada para o aperfeiçoamento, o que implica escolher entre os possíveis, o melhor, ou então a construir novos possíveis.
- A atualização, ou seja, a escolha ou a construção do possível, que compensa a perturbação, comporta três processos: alfa, beta ou gama. Alfa corresponde à neutralização da perturbação. Beta: integração da perturbação sobre forma de variação no interior do sistema reorganizado. Gama: antecipação das variações possíveis.

O texto reproduzido de Piaget lembra-nos da importância, na avaliação por meio de uma situação-problema, de que as alternativas sejam bem-elaboradas. Como sabemos, no exemplo aqui analisado, a prova é montada em um contexto no qual os itens são apresentados em um formato de múltipla escolha. O enunciado identifica o problema. Há uma lista de cinco respostas ou alternativas, das quais apenas uma é correta. Por isso, das cinco respostas ou alternativas, algumas têm relação apenas contingencial ao enunciado. Contingencial porque, ainda que as respostas possam ser, em si mesmas, verdadeiras, não se aplicam ao contexto do problema, como formulado em seu enunciado. Portanto, as alternativas têm, nesse caso, uma relação aleatória com o enunciado, tal como proposto. Outras opções são impossíveis, pois propõem como solução algo que não se aplica, discorda, nega o que está dito no enunciado. Assim, há apenas uma única resposta possível, uma única que integra, compensa ou equilibra a perturbação criada pela questão proposta. A resposta possível é, por esse motivo, a que melhor articula as duas partes (enunciado e respostas) que compõem a situação-problema como um todo. Por isso, é bom que se evite, no elenco das alternativas, afirmações preconceituosas, dicas ou indutores de respostas, "pegadinhas". Na verdade, o que interessa é que o aluno tenha uma relação construtiva com o processo de conhecimento e não um jogo, em que a malícia ou a esperteza ocupem o lugar mais importante.

As formas de compensação alfa, beta e gama, mencionadas por Piaget, correspondem ao que temos chamado neste capítulo de esquemas de mobilização de recursos aos obstáculos, às dificuldades ou aos problemas relacionadas à tarefa e às tomadas de decisão. Alfa, beta e gama são níveis hierárquicos de buscas de solução e formas de compreensão do sujeito diante dos problemas de interação com os objetos.

Pode-se interpretar a situação-problema, no contexto de uma avaliação como a que está aqui analisada, como um problema de coerência. O enunciado cria um problema, uma lacuna, rompe um equilíbrio, requer comparações, etc. Coerência no sentido de que a alternativa escolhida seja consistente com o que foi proposto no enunciado. Coerência no sentido de que, se a alternativa escolhida não for a melhor entre as indicadas, se cria uma inconsistência entre o que o aluno escolheu e o que problema colocou como questão. Apoiado em Piaget, quero lembrar que há dois significados para coerência: contradição lógica ou busca de "reorganizações inovadoras". No caso de uma prova, que também pretende ser um motivo de aprendizagem, é o segundo significado que interessa valorizar. Recorro novamente ao texto de Piaget, pois penso que é importante para nossas reflexões.

> (...) Quando Novinski nos diz que o único motivo invocado para explicar o porquê dos progressos do conhecimento é a coerência, receio que ele me tenha compreendido mal e que tenha reduzido essa coerência tão só à não-contradição lógica. Ora, a coerência pode ter dois sentidos. É, em última análise, a coerência interna das idéias num sistema já construído. Mas é, antes de mais, e essencialmente, a coerência em relação ao que surge de inesperado na experiência nova de cada dia, isto é, perturbações que introduzem incoerências e conduzem a reorganizações que são, então, efetivamente inovadoras. Quando procuro o porquê do progresso na necessidade e na busca da coerência, penso, bem entendido, na formação das compensações. Isso significa que as perturbações e as reconstruções que elas arrastam são um fator fundamental na evolução e no progresso dos conhecimentos. Quando no meu parágrafo 13 falo das condutas alfa, beta e gama quer dizer, da perturbação, primeiro simplesmente neutralizada, em seguida, parcialmente incorporada no sistema, o que produz um deslocamento de equilíbrio e, finalmente, completamente integrada a título de variação interna do sistema, parece-me que aí reside um fator fundamental que descreve o porquê do progresso. E se me responder que se trata ainda do "como" e não do "porquê", responderei que se o sujeito acaba por integrar as perturbações exteriores no sistema interno a título de variações intrínsecas e dedutíveis é porque ele é um sujeito ativo e não se limita a registrar, mas procura coordenar, assimilar, reconstruir, etc. É nessa direção que é preciso procurar as soluções, e, repito, novas investigações, sobre a construção dos possíveis, estão já em curso. (Piaget em Inhelder, Garcia e Vonèche, 1996, p. 55)

Finalmente, a regulação, por seu próprio nome, corresponde também a um modo de agir em um contexto de regras. Regras que expressam valores e que comunicam, por sua forma de expressão, o sentido maior que justifica a produção da prova, sua realização, avaliação e, sobretudo, suas implicações na vida "lá fora".

REFERÊNCIAS BIBLIOGRÁFICAS

HADJI, C. *Avaliação desmistificada*. Porto Alegre: Artmed, 2000.
INHELDER, B.; PIAGET, J. *Da lógica da criança à lógica do adolescente*. São Paulo: Livraria Pioneira Editora, 1976.
INHELDER, B; GARCIA, R.; VONÈCHE, J. (redatores). *Epistemologia genética e equilibração*. Lisboa: Livros Horizonte, 1996.

As competências para ensinar no século XXI **135**

LE BOTERF, G. *De la compétence: essai sur um attracteur étrange*. Paris: Éditions d'Organisation, 1994.

————— . *Compétence et navigation professionelle*. Paris: Éditions d'Organisation, 1997, 1999, 2000 (terceira edição revista e aumentada).

MACEDO, L. de. *Ensaios construtivistas*. São Paulo: Casa do Psicólogo, 1994, 1995, 1997, 1999 (4. ed.). 170 p.

————— . Piaget e a nossa inteligência. *Pátio: Revista Pedagógica*, v.1, n.1, p.10-3, maio/jul., 1997.

————— . Apresentação. In: PERRENOUD, P. *Ensinar: Agir na urgência e decidir na incerteza*. Porto Alegre: Artmed, 2001

MACEDO, L. de; PETTY, A.L.S.; PASSOS, N.C. *Aprender com jogos e situações-problema*. Porto Alegre: Artmed, 2000.

MEIRIEU, P. *Aprender... Sim, mas como?* Porto Alegre: Artmed, 1998.

PERRENOUD, P. *Construir as competências desde a escola*. Porto Alegre: Artmed, 1999.

————— . *Avaliação entre duas lógicas: da excelência à regulação das aprendizagens*. Porto Alegre: Artmed, 1999.

————— . *Dez novas competências para ensinar: convite à viagem*. Porto Alegre: Artmed, 2000.

PIAGET, J. *A equilibração das estruturas cognitivas: problema central do desenvolvimento*. Rio de Janeiro: Zahar Editores, 1976.

6

Sobre a Idéia de Competência

Nílson José Machado

DISCIPLINAS E COMPETÊNCIAS

A idéia de que a meta principal da escola não é o ensino dos conteúdos disciplinares, mas sim o desenvolvimento das competências pessoais, está hoje no centro das atenções. Trata-se de uma questão com raízes bastante profundas, que se presta a um grande número de mal-entendidos, mas que estava, até há alguns anos, relativamente adormecida.

De fato, desde o *Trivium*, currículo básico na Grécia Clássica, composto pelas disciplinas de Lógica, Gramática e Retórica, certamente o que se visava não era ao desenvolvimento destas enquanto disciplinas, muito menos à formação de lógicos ou lingüistas; visava-se à formação do cidadão, do habitante da *polis*, à formação política. Depois do *Trivium*, havia o *Quadrivium*, composto pelas disciplinas de Música, Aritmética, Geometria e Astronomia, por meio das quais se buscava um aperfeiçoamento ou uma afinação da mente. Apenas no final da Idade Média, ou no limiar da Ciência Moderna, ocorre paulatinamente uma inversão nas funções das disciplinas clássicas, passando a Matemática e a Física, ainda que sob o rótulo mais amplo de Filosofia Natural, a compor o instrumental para a formação básica e o interesse pelas Letras e pela Retórica a ser associado ao polimento do espírito.

No entanto, é importante mencionar que, desde o *Trivium*, as disciplinas nunca tiveram conceitualmente o estatuto de fim em si mesmas, desempenhando sempre um duplo papel: o de mediação entre o conhecimento em sentido pleno, que incluía a arte ou mesmo a religião, e aquilo que deveria ser ensinado às crianças, aos indivíduos em formação; e o de meio para o desenvolvimento pessoal, para a formação do caráter, para a construção da cidadania. O *Trivium* não visava a qualquer formação específica ou à preparação para o trabalho, destinando-se a todos os cidadãos; aliás, não é outra a origem da expressão "isto é trivial". A subversão das funções das disciplinas, com a transformação de meio em fim, é uma corrupção moderna da idéia original.

De fato, é mais modernamente, sobretudo a partir da segunda metade do século XIX, que o entusiasmo pelas ciências físicas e naturais e pelos seus frutos tecnológicos passou a sinalizar no sentido de que estudar ciência, fazer ciência constituiria um valor em si. Ocorre, então, um certo descolamento entre o conhecimento chamado de "científico" (o que, rigorosamente, seria um pleonasmo vicioso) e o conhecimento em sentido amplo, com a conseqüente superestimação de uma forma de conhecer, a "científica". Aos poucos, o processo de fragmentação do conhecimento caminhou no sentido da crescente subdivisão da própria ciência em múltiplas disciplinas e a supervalorização do conhecimento disciplinar. E, se a palavra "cientista" foi utilizada pela primeira vez apenas na segunda metade do século XIX, associando-se a Da Vinci, Galileu, Newton, Leibniz ou a tantos outros estudiosos, a idéia de um conhecimento não-fragmentado, que não separava nitidamente a arte da filosofia, ou o corpo da mente, a idéia da formação de "especialistas" em disciplinas como a matemática, a física, a biologia, ou mesmo em subdisciplinas no interior de cada uma dessas é, com certeza, muito mais recente.

Há algumas décadas, porém, a escola organiza-se como se os objetivos da educação derivassem daqueles que caracterizam o desenvolvimento das ciências, sendo estes decorrentes da busca do desenvolvimento das diversas disciplinas científicas. Estudamos matérias, conteúdos disciplinares, para chegar ao conhecimento científico, que garantiria uma boa educação formal; a formação pessoal decorreria daí naturalmente.

Por mais caricata que pareça tal caracterização, ela subjaz tacitamente à organização da escola, centrada, de forma excessiva, na idéia de disciplina. Os currículos fixam as matérias, a grade horária organiza o tempo disponível para explorá-las e as pessoas devem aprendê-las para, ao final da educação básica, serem aprovadas no vestibular e assim seguirem aprendendo mais disciplinas na universidade.

As competências para ensinar no século XXI **139**

Essa perspectiva parece estar em crise já há algum tempo. Uma crise que pode ter iniciado com a explosão da primeira bomba atômica, quando a desconfiança na crença na ciência como um valor em si, independentemente do cenário de valores em que se insere, foi abalada, crescendo consideravelmente a cada novo passo da física das partículas ou da engenharia genética, por exemplo.

Hoje, parece mais claro que o desenvolvimento científico não pode ser considerado de forma desvinculada do projeto a que serve, que ele se realiza em um cenário de valores socialmente acordados. As ciências precisam servir às pessoas e a organização da escola deve visar, primordialmente, ao desenvolvimento das competências pessoais. As ciências não são um fim em si, nem podem ser consideradas um obstáculo ao desenvolvimento pessoal, mas precisam ser vistas na perspectiva de meios, de instrumentos para a realização dos projetos pessoais. E é nessa perspectiva que as escolas precisam organizar-se, reestruturando seus tempos e seus espaços.

No Brasil, nos últimos anos, a reforma do Ensino Médio e o Exame Nacional do Ensino Médio puseram em destaque tais pressuposições, reanimando um debate antigo. Além disso, a demanda por uma organização alternativa do trabalho escolar em seus diversos níveis, consentânea com o privilégio das competências pessoais, tem crescido sobremaneira. Contudo, em sintonia com tal demanda, tem crescido substancialmente um terrível mal-entendido.

Trata-se da idéia de que disciplinas e competências disputam os mesmos espaços e tempos escolares, contrapondo-se de modo radical: uma organização visando sobretudo às competências pessoais significaria um abandono da idéia de disciplina e, simetricamente, uma valorização do conhecimento científico disciplinar teria como contrapartida o menosprezo da noção de competência. Porém, nenhuma dicotomia parece mais inadequada ou descabida do que a que se refere ao par disciplina/competência.

Para que não paire qualquer dúvida sobre o conteúdo da reflexão apresentada a seguir, registre-se aqui a conclusão que se buscará fundamentar: a organização da escola é, e continuará a ser, marcadamente disciplinar; os professores são, e continuarão a ser, professores de disciplinas, não havendo qualquer sentido na caracterização de um professor de "competências". No entanto, urge uma reorganização do trabalho escolar que reconfigure seus espaços e seus tempos, que revitalize os significados dos currículos como mapas do conhecimento que se busca, da formação pessoal como a constituição de um amplo espectro de competências e, sobretudo, do papel dos professores em um cenário onde as idéias de conhecimento e de valor encontram-se definitivamente imbricadas.

COMPETÊNCIAS: DO TRABALHO À ESCOLA

Em uma sociedade na qual o conhecimento transformou-se no principal fator de produção, é natural que muitos conceitos transitem entre os universos da economia e da educação. Idéias como as de qualidade, projeto e valor são exemplos importantes desse trânsito, bem como da cautela necessária para lidar com ele. Ilustremos sucintamente com alguns exemplos.

A idéia de qualidade na empresa não significa o mesmo que na escola. Uma categoria-chave para a caracterização da qualidade na empresa é a de *cliente*, e um princípio a ser considerado é o de que o cliente sempre deve estar satisfeito, sempre deve ter razão. Na escola, a categoria *cliente* ocupa um papel secundário: o protagonista é o cidadão. Claro que o consumidor, ou o cliente, constitui uma dimensão da formação do cidadão, mas reduzir a idéia de cidadão à de mero consumidor é uma simplificação absolutamente inaceitável.

Projetos e valores também apresentam características muito diversas quando se referem aos universos das empresas ou das escolas. Entre um projeto empresarial e um projeto educativo, as diferenças incluem principalmente a amplitude das variáveis e dos valores envolvidos. De modo geral, a mais complexa das empresas é mais simples, do ponto de vista dos projetos que a mobilizam, do que a mais simples das escolas. Embora a redução dos valores empresariais à dimensão econômica possa ser uma caricatura, ela pode constituir um exagero, não uma mentira, e seguramente o espectro de valores no universo educacional é muito mais abrangente do que no terreno estritamente econômico.

A palavra *competência* também aparece no discurso dos administradores da chamada "economia do conhecimento". Nesse contexto, não basta dispor de certa tecnologia para auferir lucros: é fundamental idealizar produtos que a utilizem adequadamente e que penetrem no mercado. A idéia de competência surge, então, como a capacidade de transformar uma tecnologia conhecida em um produto suficientemente atraente para os consumidores. Trata-se de uma noção extremamente pragmática, que pode ser caracterizada, grosso modo, como a colocação do conhecimento (tecnológico) a serviço de empresas ou de empreendedores, com vistas ao lucro.

Também é interessante analisar o parentesco semântico existente entre as idéias de *competência* e de *competitividade*. A origem comum é o verbo *competir (com+petere)*, que em latim significa *buscar junto com, esforçar-se junto com* ou *pedir junto com*. Apenas no latim tardio passou a prevalecer o significado de *disputar junto com*. Quando se disputa um bem material juntamente com alguém, torna-se natural o caráter mutuamente exclusivo da conquista: para alguém ganhar, alguém deve perder.

Por outro lado, o mesmo não necessita ocorrer quando o "bem" que se disputa, ou que se busca junto com alguém, é o conhecimento. Pode-se dar ou vender o conhecimento que se tem sem precisar ficar sem ele. Além disso, o conhecimento não é um bem fungível, não se gasta: quanto mais usamos, mais novo ele fica. Isso acarreta necessariamente uma ampliação no significado original da competição, da competência no sentido de *se buscar junto com*.

No contexto educacional, a noção de competência é muito mais fecunda e abrangente, mantendo, com a idéia de disciplina, importantes vínculos, como, por exemplo, o caráter de mediação. Uma caracterização mais nítida de tal noção será explicitada a seguir.

COMPETÊNCIA E PESSOALIDADE

Mesmo sem ter sido aqui enunciado qualquer conceito, sem ter sido utilizada a palavra "competência" senão em sentido intuitivo ou em ligação direta com sua distante etimologia, certamente causaria estranheza entre educadores afirmações do tipo "Meu computador é extremamente competente", ou "Tenho um livro muito competente". De fato, há uma espécie de consenso tácito no que se refere à semântica da palavra "competência": as pessoas é que são ou não são competentes, e toda tentativa de atribuição de competência a objetos ou artefatos parece insólita ou inadequada. *A pessoalidade é, pois, a primeira característica absolutamente fundamental da idéia de competência.*

Todavia, a escola organiza-se basicamente em termos de conhecimento apresentado sob a forma de conteúdos disciplinares. Os espaços curriculares escolares são loteados entre as diferentes matérias, e os tempos são subdivididos em doses diárias – as aulas. Porém, conhecer é conhecer o significado, e o significado é sempre construído pelas pessoas, ou seja, o conhecimento é sempre pessoal. Os livros estão cheios de representações. Os significados são construídos a partir delas, articulando-se em uma grande teia, uma rede de significações. Nessa teia, os diversos nós/significados são construídos *dualmente* por meio de relações estabelecidas entre eles: ao mesmo tempo em que um significado é um feixe de relações, uma relação é um elo entre dois nós/significados. Desse modo, são as pessoas e seus projetos que atribuem ou não valor a determinadas relações, que tornam as matérias, as representações apresentadas pelos livros, um material vivo, significativo.

Na escola, a matemática, a física, a história ou a geografia são disciplinas relativamente bem definidas, e os currículos constituem um mapeamento do conhecimento considerado relevante para ser ensinado aos alunos, tendo em vista torná-los pessoas competentes. Mas quais seriam essas competências?

As pessoas apresentam-se, vivem, convivem, agem, interagem, avaliam ou são avaliadas como um espectro de competências. Competências tópicas, consideradas isoladamente, podem constituir-se em focos de curiosidades, mas não garantem um desenvolvimento nem uma formação pessoal harmoniosa. Um exemplo de competência fundamental em qualquer espectro é a capacidade de expressão. A alguém que lê um livro, diz que entendeu tudo, porém não consegue expressar de alguma forma o que leu ou sentiu, falta tal competência. A capacidade de expressão é desenvolvida por meio de disciplinas. A língua materna, a matemática, a educação física, as artes ou a música, todas as disciplinas podem servir de meio para o desenvolvimento da competência em se expressar adequadamente. Na escola, temos e continuaremos sempre a ter professores de disciplinas, não de capacidade de expressão, mas cada um, por meio de sua disciplina, busca o desenvolvimento da capacidade de expressão.

Um outro exemplo de competência é a capacidade de argumentar. Não basta a um advogado estar convencido da inocência de seu cliente; é preciso ser competente para evidenciá-la por meio de uma argumentação convincente, recorrendo a diversas disciplinas, como a lógica ou a retórica. De modo geral, ainda que o desenvolvimento do raciocínio lógico seja freqüentemente associado ao estudo da matemática ou da língua materna, todas as disciplinas podem servir de base para esse desenvolvimento, dependendo apenas do modo como são ensinadas.

Outros exemplos poderiam ser apresentados, mas, por enquanto, o interesse pela exemplificação destina-se apenas à associação das competências a elementos de um espectro de características pessoais: as pessoas devem ser capazes de se expressar, de argumentar, etc., e as disciplinas escolares devem servir de meios, de instrumentos para o desenvolvimento de tais capacidades.

Naturalmente, a composição de um espectro desejável de competências pessoais pressupõe uma idéia de pessoa. Se uma vida significativa está associada à capacidade/liberdade de expressão, de compreensão/leitura do mundo fenomênico, de argumentação na negociação de acordos no discurso e na ação, de referir os conhecimentos disciplinares a contextos específicos ao enfrentar situações-problema, de ir além dos diagnósticos e projetar ações transformadoras sobre a realidade, então a formação pessoal deverá estar associada ao desenvolvimento dessas competências.

A solidariedade entre as idéias de competência e de pessoa é tão forte, que valeria a pena uma pequena reflexão a respeito do tema. Como se sabe, a idéia de pessoa transcende em muito as noções de indivíduo e de cidadão. A palavra "indivíduo" tem origem em *individuum*, que em latim significa "que não se divide"; o termo correspondente em grego é *atomo*. Obviamente, toda pessoa é um indivíduo, ainda que não baste haver um indivíduo para se ter uma pessoa. Já a palavra "pessoa" origina-se de *persona*, palavra latina que designava a máscara que os atores usavam na representação teatral. Dela derivam palavras correlatas como "personagem" e "sincera", uma vez que "persona sincera" era a "máscara sem cera", que permitia uma visão do rosto do ator através da mesma.

Voltando ao ponto fundamental, desde a origem, a idéia de pessoa está associada à representação de um papel. Um papel que se representa junto com os outros, em cada peça, e junto com outros papéis em um crescente número de peças que continuamente representamos, ao longo da vida, em múltiplos contextos. Cada um de nós se constitui enquanto pessoa como um feixe dos papéis que representa, na diversidade de contextos em que age ou interage: em casa, na família, no trabalho, no clube, no bairro, na cidade, no país, no mundo...

Portanto, a idéia de pessoa inclui a de cidadão, que se refere à representação de papéis em determinados âmbitos – social, econômico, político, entre outros –, relacionando-se diretamente com os direitos e os deveres inerentes à idéia de participação, de articulação entre o individual e o coletivo. Contudo, a idéia de pessoa inclui outros âmbitos que transcendem o da cidadania: professar ou não uma religião, estabelecer relações afetivas ou mesmo de apreciação estética, torcer por determinado time de futebol, etc., certamente não são temas regidos por meio de eleições, ou em que a maioria vence, porque são questões do âmbito pessoal, e não do âmbito da cidadania. Em muitos países, a decisão sobre votar ou não votar em eleições é considerada do âmbito pessoal, e não um dever do cidadão.

COMPETÊNCIAS, ÂMBITO, HABILIDADES

Um outro elemento fundamental para a caracterização da idéia de competência é justamente o âmbito no qual ela se exerce. Não existe uma competência sem a referência a um contexto no qual ela se materializa: a competência sempre tem um âmbito, o que nos faz considerar bastante natural uma expressão como "Isto não é da minha competência".

De fato, quanto mais bem delimitado é o âmbito de referência, mais simples é caracterizar uma pessoa competente. É mais simples, por exemplo, explicitar o que seria um motorista competente do que dizer o que caracteriza um cidadão competente. É mais simples prefigurar um espectro de competências pessoais a serem desenvolvidas em um curso superior, de natureza profissionalizante, do que fazê-lo com relação a alunos da educação básica. Entretanto, a referência à idéia de competência nunca pode prescindir da consideração do âmbito, do contexto no qual ela se realizará.

Quando se relacionam as idéias de competência e de disciplina, um dos mal-entendidos mais freqüentes é a associação dos conteúdos disciplinares a matérias, a materiais concretos, enquanto as supostas competências por eles desenvolvidas não passariam de entidades abstratas. Assim, aprender determinado assunto de matemática ou de português seria algo palpável, passível de verificação efetiva, enquanto "desenvolver o raciocínio" ou "incrementar a capacidade de expressão" seriam metas vagas, genéricas, abstratas. Tal consideração não faz sentido por duas razões.

Em primeiro lugar, ela traz embutida em si uma restrição à idéia de abstração, como se abstrações fossem algo a ser evitado, quando, na verdade, são condição de possibilidade do conhecimento em qualquer tema: quanto menos abstraída do contexto em que foi apreendida, menos valiosa é uma relação percebida; quanto mais facilmente for associada a múltiplos contextos, distintos do original, mais fecundo é o aprendizado. O ponto fundamental é o fato de que as competências representam potenciais desenvolvidos sempre em contextos de relações disciplinares significativas, prefigurando ações a serem realizadas em determinado âmbito de atuação.

Para caracterizar melhor a solidariedade entre a idéia de competência e de âmbito, uma análise da Matriz de Competências do Exame Nacional do Ensino Médio (MEC/INEP/1998) pode ser elucidativa. Tendo em vista a composição da referida matriz, professores de todas as disciplinas ou temas do ensino médio reuniram-se e tentaram explicitar o que buscavam desenvolver por meio de suas disciplinas e de seus programas, considerando a formação pessoal de um aluno, ao final da educação básica. Um complexo exercício de tolerância, de fusão de horizontes, de concessões tópicas com vistas a objetivos mais amplos, em uma perspectiva menos paroquial, mais humana, conduziu um grupo de cerca de 30 profissionais a um espectro de cinco competências fundamentais, aqui enunciadas de modo sintético:

- capacidade de expressão em diferentes linguagens;
- capacidade de compreensão de fenômenos físicos, naturais e sociais;
- capacidade de referir os conceitos disciplinares a contextos específicos, enfrentando situações-problema;
- capacidade de argumentar, de negociar significados, buscando acordos por meio do discurso;
- capacidade de projetar ações, de pensar propostas de intervenção solidária na realidade.

As competências para ensinar no século XXI **145**

Para referir cada uma dessas competências gerais ao âmbito do ensino médio, aproximando-as dos programas das diversas disciplinas, buscou-se, então, explicitar formas de manifestação das mesmas. Assim, as formas de realização das competências foram chamadas de *habilidades*. Por exemplo, a competência "capacidade de compreensão de fenômenos" foi traduzida em um feixe de habilidades que inclui:

- a compreensão da relevância, do significado do ciclo da *água* para a manutenção da vida;
- a compreensão da importância da *energia* em suas diversas formas, de suas transformações e de seu uso social;
- a compreensão do caráter sistêmico do planeta, reconhecendo a importância da *biodiversidade* para a preservação da vida.

Um feixe de habilidades, referidas a contextos mais específicos, caracteriza a competência no âmbito prefigurado; é como se as habilidades fossem microcompetências, ou como se as competências fossem macrohabilidades. Para desenvolver as habilidades, recorre-se às disciplinas, que são apenas meios para isso. Assim, o importante é a compreensão do ciclo da água ou das transformações de energia, e não o fato de tal compreensão ter-se realizado especificamente em aulas de física, de biologia, de química ou de outra disciplina. As habilidades funcionam como âncoras para referir as competências aos âmbitos nos quais se realizarão as competências, evitando-se o desvio de ancorá-las diretamente nos programas das disciplinas, o que conduz ao risco inerente de transformá-los em fins em si mesmos.

COMPETÊNCIA E MOBILIZAÇÃO

Um terceiro elemento fundamental na composição da idéia de competência, além da pessoalidade e do âmbito, é a mobilização. Uma competência está sempre associada a uma mobilização de saberes. Não é um conhecimento "acumulado", mas a virtualização de uma ação, a capacidade de recorrer ao que se sabe para realizar o que se deseja, o que se projeta.

Uma vez que não basta às pessoas apenas o voluntarismo, ou uma declaração de intenções, abre-se a porta naturalmente para a caracterização de um elemento mediador entre o conhecimento e a inteligência pessoal, para a operacionalização do deslocamento do foco das atenções das matérias ou dos conteúdos disciplinares para a mobilização dos mesmos a serviço da construção da cidadania, da pessoalidade. As competências constituem, portanto, padrões de articulação do conhecimento a serviço da inteligência. Podem ser associadas aos esquemas de ação, desde os mais simples até às formas mais elaboradas de mobilização do conhecimento, como a capacidade de expressão nas diversas linguagens, a capacidade de argumentação na defesa de um ponto de vista, a capacidade de tomar decisões, de enfrentar situações-problema, de pensar sobre e elaborar propostas de intervenção na realidade.

Embora pareça desnecessário, convém reiterar que a função precípua da escola básica é a construção da pessoalidade, que inclui a cidadania, e não a formação de especialistas em qualquer das disciplinas. Um professor de matemática, por exemplo, que busca interessar um aluno pela sua matéria argumentando, em termos da beleza intrínseca do tema, de sua exatidão, de seu rigor, da sofisticação de seus raciocínios, pode eventualmente despertar uma ou outra vocação, porém, de modo geral, não age de modo plenamente adequado. Os alunos precisam ser estimulados para estudar a matéria em função de seus interesses, de seus projetos. Embora deva buscar convencer a todos sobre a importância de se estudar matemática, os argumentos precisam considerar a diversidade de interesses e de perspectivas. Para um aluno que quer ser engenheiro, os argumentos são de determinada ordem; para outro, que quer ser jornalista, a motivação pela matemática, ainda que igualmente forte, deve ser de outra natureza. Mesmo um aluno que deseja ser, digamos, um poeta pode ser adequadamente estimulado a estudar matemática, mas certamente com argumentos diferentes daqueles utilizados com o futuro engenheiro.

Na escola básica, portanto, nenhum conhecimento deveria justificar-se como um fim em si mesmo: as pessoas é que contam, com seus anseios, com a diversidade de seus projetos. Assim como um dado nunca se transforma em informação se não houver uma pessoa que se interesse por ele, que o interprete e que lhe atribua um significado, todo o conhecimento do mundo "não vale um tostão furado" se não estiver a serviço da inteligência, ou seja, dos projetos das pessoas.

Naturalmente, tal afirmação não estabelece qualquer subordinação do conhecimento a uma aplicabilidade prática: a construção do conhecimento está relacionada à produção e à compreensão de significados muito mais do que à mera produção de bens materiais. Também não é o caso de se associar à linha propugnada entre os conhecimentos e os interesses das pessoas a uma superestimação do individualismo. A vacina contra isso é a idéia subjacente de que a finalidade principal da educação inclui a construção da cidadania, entendida como a construção de uma articulação permanente e consistente entre projetos pessoais e projetos coletivos.

A associação entre as idéias de competência e de mobilização de saberes pode ser relacionada com outra característica importante do conheci-

As competências para ensinar no século XXI **147**

mento, que põe em evidência sua ligação estreita com as experiências pessoais: trata-se da imanência da dimensão tácita do conhecimento.

De fato, cada um de nós sempre sabe muito mais sobre qualquer tema do que consegue explicitar em palavras. Em *Personal knowledge* (1958), Polanyi expressou tal fato de modo sugestivo, representando o conhecimento pessoal como um grande *iceberg*: a parte emersa seria o que é passível de explicitação e a submersa corresponderia ao que se sabe, mas não se consegue traduzir em palavras, ou tornar explícito de alguma forma, ou seja, corresponde à dimensão tácita do conhecimento. Tal dimensão desempenha um papel extremamente importante na arquitetura global dos processos cognitivos, sendo responsável pela sustentação daquilo que é explícito ou explicitável. Um atleta, por exemplo, pode demonstrar uma extrema competência na realização de determinada prova, embora não consiga explicar em palavras as ações que realiza. Por razões análogas, um aluno pode conhecer um assunto e não ter um bom desempenho em uma prova.

A relação entre o conhecimento focal, que se pode explicitar, e o conhecimento subsidiário, que subjaz a qualquer tema, não é a mesma que existe entre o que se conhece conscientemente e o que se tem registrado, de alguma forma, no inconsciente, como bem registra Polanyi (1983, p. 95):

> É um erro identificar a consciência subsidiária com o inconsciente... O que torna uma consciência subsidiária é a função que ele preenche; ela pode ter qualquer grau de consciência, embora sua função seja a de apontar para o objeto em que focalizamos a atenção.

Apesar da distinção acima referida, uma comparação entre os elementos do par consciente/inconsciente e a que subsiste entre o conhecimento tácito e o explícito pode ser esclarecedora da necessidade, da imanência da dimensão tácita. De fato, as ações de uma pessoa "normal" são continuamente motivadas tanto por elementos conscientes quanto por elementos inconscientes. A pretensão da plena consciência corresponderia a uma exacerbação do ego mais propriamente associada a uma patologia. A interação e a mescla de elementos conscientes e inconscientes, com os últimos sustentando os primeiros, constituem o fluir natural de uma existência ordinária.

Analogamente, não seria razoável pretender que todo o conhecimento sobre qualquer tema possa tornar-se focal, que seja explícito ou mesmo explicitável. O reconhecimento da necessária dimensão inconsciente dos processos psíquicos corresponde à consciência do papel fundamental desempenhado pelo conhecimento tácito na sustentação daquilo que é passível de explicitação.

Na escola, as ações docentes, desde o planejamento das aulas até os processos de avaliação, centram as atenções, como não poderia deixar de ser, na dimensão explícita do conhecimento. Em geral, são examinados os conteúdos disciplinares, expressos por meios lingüísticos ou lógico-matemáticos, permanecendo ao largo todas as motivações inconscientes, todos os elementos subsidiários que necessariamente sustentam tais conteúdos. Entretanto, quando se pensa na competência como a capacidade de mobilização do conhecimento para a realização dos projetos pessoais, se o papel do conhecimento tácito for subestimado, corre-se o risco de deixar de lado a maior parte do potencial inerente a cada pessoa. Por isso, a idéia de mobilização do conhecimento também está associada à abertura de canais de emergência que possibilitem a cada pessoa o pleno desfrute de suas potencialidades.

Se, por exemplo, um aluno leu tudo o que deveria ter lido sobre determinado tema, compreendeu o que leu, mas, inquirido a respeito, não encontra formas adequadas de expressão, falta-lhe competência no sentido de que não é capaz de mobilizar o que sabe, de fazer emergir para instrumentar sua ação a rede de relações que tacitamente incorporou com a leitura. De modo geral, competências como a capacidade de argumentação, ou de enfrentar situações-problema representam, em algum sentido, a capacidade de encontrar canais/caminhos para a realização explícita de algo que, muitas vezes, sabemos intuitivamente que sabemos. Um advogado pode estar convencido de que seu cliente é inocente, porém sua competência será avaliada na medida em que for capaz de explicitar as razões de seu convencimento.

Em uma incorporação com a consciência propiciada pela construção de canais de emergência, de mobilização do que se aprendeu, do que se sabe, é como se o saber passasse a residir na pessoa; em tal situação, ocorre o que Polanyi chama de *indwelling*. Com freqüência, na escola, os conteúdos disciplinares são apresentados aos alunos e apreendidos por eles sem que venham efetivamente a residir neles, sem a ocorrência de qualquer *indwelling*. Avaliações são feitas e bons resultados são alcançados sem que o conhecimento torne-se um conhecimento pessoal dos alunos. Quando isso ocorre, por mais que os alunos pareçam saber, pouca ou nenhuma competência foi desenvolvida.

Em suma, com relação à necessidade de consideração do conhecimento tácito que subjaz a qualquer forma de explicitação, uma grande questão que se oferece à reflexão é á da busca de padrões, de canais de emergência do tácito no explícito. As competências pessoais constituem canais como os referidos. Assim, tanto no que se refere à instrumentação da inteligência pelo conhecimento quanto ao enraizamento do conhecimento explícito no tácito que subjaz, as competências representam a potencialidade para a

As competências para ensinar no século XXI **149**

realização das intenções referidas: articular os elementos do par conhecimento/inteligência, bem como do par conhecimento tácito/conhecimento explícito.

Disso resulta que as idéias de disciplina e de competência não disputam o mesmo espaço. Se, como já foi dito, o quadro de disciplinas representa um mapeamento do conhecimento em sua dimensão explícita ou explicitável, um espectro de competências pessoais, como a capacidade de expressão, de argumentação, de compreensão, etc., além de se situar no caminho da articulação entre o conhecimento e a inteligência, constitui uma tentativa de compreensão do modo como o conhecimento explícito enraíza-se no tácito. Tal enraizamento, fundamental para fomentar a emergência do conhecimento, significa uma inserção do conhecimento disciplinar em um contexto mais amplo, em uma realidade plena de vivências, sendo propriamente caracterizado como uma contextualização.

COMPETÊNCIAS, INTERDISCIPLINARIDADE, CONTEXTUALIZAÇÃO

Desde o início deste capítulo, mencionamos o fato de que a emergência da noção de competência decorre essencialmente da insatisfação com a excessiva fragmentação a que o trabalho multidisciplinar tem conduzido, afastando o foco da organização do trabalho escolar da formação pessoal. Disso resulta um aparente consenso sobre a necessidade de um retorno à idéia de uma reunificação do conhecimento em migalhas propiciado pelas disciplinas, o que se busca em duas frentes: deslocando o centro das atenções das disciplinas para as competências pessoais e buscando uma integração entre as disciplinas que atende pelo nome genérico de "interdisciplinaridade".

Entendida como mero incremento das relações entre as disciplinas, mantidos seus respectivos objetivos/objetos e mantidas as relações determinadas pelo sistema que constituem, a interdisciplinaridade não tem produzido senão efeitos paliativos. Para uma efetiva transcendência dos objetos/objetivos particulares das diferentes disciplinas, a organização do trabalho escolar necessita de metas que transcendam os limites e os territórios das diferentes disciplinas, o que tem contribuído para situar a idéia de transdisciplinaridade no centro das atenções.

No mesmo sentido em que se consolida a sensação de que o conhecimento precisa estar a serviço da inteligência, a busca da transdisciplinaridade passa a significar o deslocamento do foco das atenções dos conteúdos disciplinares para os projetos das pessoas.

Embora a educação constitua, em todas as épocas e culturas, um tema transdisciplinar, para que tais concepções possam produzir efeitos, é necessário repensar a própria concepção de conhecimento, incrementando-se a importância da imagem do mesmo como uma rede de significações, em contraposição à imagem cartesiana do encadeamento, predominante no pensamento ocidental.

Por outro lado, sempre conhecemos, sobre qualquer tema, muito mais do que conseguimos expressar, de forma lingüística ou consciente, e esse conhecimento tácito é absolutamente fundamental para a sustentação daquele que se consegue explicitar. Como as avaliações levam em consideração a dimensão explícita, é necessário desenvolver estratégias de enraizamento de tais formas de manifestação nos componentes da dimensão tácita do conhecimento, continuamente alimentados por elementos culturais de natureza diversa.

Esse enraizamento na construção dos significados constitui-se por meio do aproveitamento e da incorporação de relações vivenciadas e valorizadas no contexto em que se originam, na trama de relações em que a realidade é tecida; em outras palavras, trata-se de uma contextualização. Etimologicamente, contextualizar significa enraizar uma referência em um texto do qual foi extraída e longe do qual perde parte substancial de seu significado.

Analogamente, no sentido em que aqui se utiliza, contextualizar é uma estratégia fundamental para a construção de significações. Na medida em que incorpora relações tacitamente percebidas, a contextualização enriquece os canais de comunicação entre a bagagem cultural, quase sempre essencialmente tácita, e as formas explícitas ou explicitáveis de manifestação do conhecimento.

Em *The end of education* (1995), Postman defende que o significado da vida expressa-se por meio de uma narrativa, ou que sem uma narrativa a vida não tem significado; sem significado, a educação não tem propósito e a ausência de propósito é o fim da educação.

A associação da vida a uma densa teia de significações, como se fosse um imenso texto, faz com que a contextualização seja associada a uma necessidade aparentemente consensual de aproximação entre os temas escolares e a realidade extra-escolar. Assim, muito do que se busca por meio de rótulos como interdisciplinaridade, transdisciplinaridade, ou mesmo transversalidade atende pelo nome de contextualização.

Durante a permanência na escola, a contextualização favorece a construção dos significados, constituindo uma estratégia fundamental para a mobilização do conhecimento a serviço da inteligência ou dos projetos das pessoas. Ao sair da escola, o ingresso no universo do trabalho constitui uma forma básica de inserção social, e o debate sobre como a escola deve

As competências para ensinar no século XXI   **151**

organizar-se para favorecer tal inserção situa-se em um prolongamento natural da problemática em tela, ou à prevalência das competências relativamente aos conteúdos disciplinares.

COMPETÊNCIAS E EDUCAÇÃO PROFISSIONAL

A idéia de que a formação escolar é fundamental para uma inserção no universo do trabalho é relativamente nova em termos de séculos. O mundo grego, onde o trabalho era reservado aos escravos, não a conheceu. Apenas com a Revolução Industrial do século XVIII tal pressuposição consolidou-se, particularmente a partir da Enciclopédia (1751), de Diderot e D'Alembert. É na Enciclopédia que aparece pela primeira vez descrito o quadro de ocupações da época – e o que se deveria estudar para exercê-las. As primeiras escolas superiores de formação profissional surgem nesse período, o qual se estendeu até a primeira metade do século XIX.

Portanto, faz no máximo 250 anos que surgiu a idéia de que é preciso estudar em escolas de formação profissional para se aprender a exercer os diversos ofícios. Assim, o estudo das disciplinas escolares deveria servir a tal preparação. O quadro de ocupações era relativamente estável ou evoluía em um ritmo tal, que as adequações curriculares não se constituíam em grandes problemas.

No caso específico do ensino médio, a pressuposição de que a formação escolar deveria visar diretamente ao mundo do trabalho atingiu um verdadeiro paroxismo com a reforma educacional ocorrida na década de 70, que pretendeu uma completa "profissionalização" desse nível de ensino. A escola deveria formar "técnicos" nas mais diversas "especialidades": eletricistas, torneiros mecânicos, técnicos em agricultura, em enfermagem, em aparelhos ou máquinas de determinado tipo, etc.

Hoje, tudo isso parece sem sentido. Já há algum tempo, as transformações no quadro de ocupações ocorrem em um ritmo acelerado. Já não se aprende mais a manejar certo tipo de máquina, que logo se tornará obsoleto, mas sim a ler e a entender o manual de instruções de um novo equipamento, a apreender padrões gerais de funcionamento de variados tipos de equipamentos, ou mesmo a buscar no *help* dos novos *softwares* os elementos fundamentais para uma utilização competente.

Desse modo, a formação escolar deve prover as pessoas de competências básicas, como a capacidade de expressão, de compreensão do que se lê, de interpretação de representações; a capacidade de mobilização de esquemas de ação progressivamente mais complexos e significativos nos mais diferentes contextos; a capacidade de construção de mapas de relevância das informações disponíveis, tendo em vista a tomada de decisões, a solução de problemas ou o alcance de objetivos previamente traçados; a capacidade de colaborar, de trabalhar em equipe e, sobretudo, a capacidade de projetar o novo, de criar em um cenário de problemas, valores e circunstâncias no qual somos lançados e no qual devemos agir solidariamente.

É evidente que essas competências não se desenvolvem em um vazio de conteúdos disciplinares ou sem o exercício de atividades concretas, por intermédio dos equipamentos disponíveis; entretanto, nem os conteúdos nem os equipamentos são fins em si mesmos. Uma formação profissional que vise ao universo do trabalho, tal como hoje se configura, deve necessariamente situar no foco das atenções algo que não é novo, que sempre existiu, mas que produzia seus efeitos de modo coadjuvante ou colateral: as competências básicas a serem desenvolvidas dizem respeito à formação pessoal, às capacidades pessoais que transcendem os temas estudados, que sobrevivem às transformações cada vez mais rápidas nos cenários dos equipamentos e da produção material.

Em períodos anteriores, a relativa estabilidade no quadro de ocupações e o ritmo lento das transformações materiais – quando comparados à duração da vida humana – possibilitavam a ilusão de ótica da supervalorização dos conteúdos disciplinares e do domínio de determinados equipamentos. Hoje, porém, parece cada vez mais claro que tanto a formação escolar básica quanto a formação profissional justificam-se apenas se se concentrarem no desenvolvimento das competências pessoais. Estas certamente não são desenvolvidas sem que se estude muita ciência, sem o recurso constante a aparatos tecnológicos, concebidos para servir de meios à realização de nossos projetos. Não realizamos nossos projetos apenas porque temos vontade de realizá-los: são necessários dados, informações e muito conhecimento. Contudo, um banco de dados sem qualquer pessoa nele interessada constitui mero entulho; uma pletora de informações sem discernimento, sem mapas de relevância, angustia, sufoca e paralisa; e toda a ciência do mundo carece de qualquer significação se não estiver mobilizada, em um cenário de valores socialmente acordados, para a realização das infinitas potencialidades presentes em cada ser humano.

DISCIPLINAS E COMPETÊNCIAS: UMA QUESTÃO DE FOCO

Desde o início, nossas atenções foram dirigidas para a aparente contraposição entre as idéias de disciplina e de competência, sobretudo na organização do trabalho escolar. Após o percurso realizado, uma tentativa de síntese das distinções e das possibilidades de colaboração entre as duas noções será levada a efeito, à guisa de conclusão.

As competências para ensinar no século XXI **153**

De modo geral, é possível afirmar que a escola organiza-se, em seus diversos níveis, tendo como foco a idéia de disciplina. Os espaços e os tempos escolares são ocupados nessa perspectiva: as aulas e os espaços coletivos predominam em relação às tutorias ou aos acompanhamentos individuais. Nas creches, o foco ainda permanece nas crianças, nas pessoas em formação; porém, do ensino fundamental ao ensino superior, o foco concentra-se cada vez mais nas matérias, nas disciplinas ensinadas. Nas séries iniciais do ensino fundamental, ainda permanecemos "professores de crianças"; da segunda metade do ensino fundamental em diante, tornamo-nos "professores de disciplinas". Curiosamente, no ensino em nível de pós-graduação, a necessidade formal de um acompanhamento pessoal, de um "orientador" com quem nos relacionamos intersubjetivamente, quase sempre é um forte indício de que tal carência apenas jazia adormecida. Com certeza, um aluno de graduação precisa tanto ou mais de orientação do que um mestrando ou doutorando; e o que dizer de um aluno no ensino médio, às vésperas da definição de uma escolha profissional, da arquitetura de um projeto de vida?

No entanto, ocorre que mesmo com todas as atenções escolares voltadas explicitamente para as disciplinas, o que resta de mais valioso, o que permanece depois que o tempo apaga da memória os conteúdos/pretextos que não lograram contextualizar-se, que não se constituíram em textos/significados ao longo da vida/narrativa, são as competências pessoais, desenvolvidas tacitamente por meio das disciplinas.

Tal fato pode ser vislumbrado em todos os níveis de ensino, embora seja particularmente visível no ensino superior: é cada vez mais freqüente a ocorrência de casos em que graduados em determinado curso, após poucos anos de formados, voltam-se para áreas que, aparentemente, pouco têm a ver com as disciplinas estudadas: engenheiros trabalham como analistas financeiros, médicos tornam-se administradores, administradores tornam-se vendedores, entre outras transformações. É possível até mesmo afirmar que cada vez é mais importante um diploma de um curso superior e cada vez é menos importante qual seja esse diploma.

Em *O trabalho das nações*, Reich (1996) caracteriza os trabalhadores atuais como pertencentes a duas classes, que não são mutuamente exclusivas:

- os seguidores de rotinas, que realizam um trabalho repetitivo, quase sempre um trabalho em migalhas, com parcas possibilidades de criação;
- os analistas simbólicos, que conseguem uma visão global do que produzem, da concepção à produção, seja de bens ou de serviços, mantendo vivas as possibilidades de criação.

Podem existir médicos, professores, engenheiros, jardineiros, padeiros seguidores de rotina, ou, por outro lado, padeiros, jardineiros, engenheiros, professores e médicos analistas simbólicos. Criar ou não criar é a diferença, é a questão. Logo, a criatividade é uma marca pessoal que não pode ser reduzida ao domínio de um elenco de disciplinas, por mais sofisticado que ele possa parecer.

Essas classes – rotineiros e analistas – não são mutuamente exclusivas; em todas as atividades, existem rotinas necessárias e nem tudo é criação. Porém, a preservação do espaço aberto para a criação é condição de possibilidade de uma vida significativa.

Em múltiplos sentidos, sem disciplina, nenhuma competência pessoal pode ser desenvolvida. No caso específico da organização escolar, tudo o que se pode pretender, seja na escola básica, seja na formação profissional, é o deslocamento do foco das atenções da idéia de disciplina para a idéia de competência. Mantendo o foco no desenvolvimento do espectro de competências pessoais compatível com o âmbito desejado, as disciplinas é que devem passar a operar tacitamente. Vários conteúdos disciplinares podem servir ao desenvolvimento de cada competência; e as competências é que importam, não os conteúdos/instrumentos. É necessário desenvolver nos alunos, por exemplo, o gosto pela literatura; sendo que os livros utilizados para esse desenvolvimento são uma questão menos importante. Certamente, existem múltiplos conjuntos de livros, expressando gostos e valores diversos, que podem servir ao mesmo fim.

Um aluno pode ignorar alguns conhecimentos considerados bastante simples pelos professores de determinada disciplina e, ainda assim, ser uma pessoa competente. Sua competência foi desenvolvida por meio de outros conteúdos, de outros temas, podendo ser revelada pela capacidade de aprender os temas que desconhece e que deseja e decide aprender. Não é grave haver um aluno do ensino médio que não sabe calcular a área de um quadrado, se ele é competente para aprender tal cálculo no momento em que o desejar; o que é grave é haver alunos que não sabem calcular a área de um quadrado, nem querem saber.

A tarefa mais fundamental do professor, portanto, é semear desejos, estimular projetos, consolidar uma arquitetura de valores que os sustentem e, sobretudo, fazer com que os alunos saibam articular seus projetos pessoais com os da coletividade na qual se inserem, sabendo pedir junto com os outros, sendo, portanto, competentes.

REFERÊNCIAS BIBLIOGRÁFICAS

Le BOTERF, G. *Compétence et navigation professionnelle*. Paris: Éd. d'Organisation, 1997 (Em tradução pela Artmed Editora).

MACHADO, N. J. *Educação: projetos e valores*. São Paulo: Escrituras Editora, 2000.

———————— . *Epistemologia e didática*. São Paulo: Cortez Editora, 1995.

PERRENOUD, P. *Construir as competências desde a escola*. Porto Alegre: Artmed, 1999.

POLANYI, M. *The tacit dimension*. Gloucester/Mass.: Peter Smith, 1983.

POSTMAN, N. *The end of education*. New York: Vintage Books, 1996.

REICH, R. *O trabalho das nações*. Lisboa: Quetzal Editores, 1996.

7

O Desenvolvimento de Competências e a Participação Pessoal na Construção de um Novo Modelo Educacional

Cristina Dias Allessandrini[*]

Dialogar sobre um tema significa receber uma informação e processá-la, estabelecendo articulações entre os conteúdos na construção de novas relações. Desse modo, o trabalho de cada profissional da educação é qualificar o diálogo entre as inúmeras questões que vivenciamos em nosso cotidiano, com cada tema abordado no decorrer de palestras, textos e livros que nos auxiliam na compreensão dos mecanismos invisíveis atuantes no processo.

Estudá-los e compreendê-los tornam-se fundamental para nosso aprimoramento técnico. Entretanto, o entendimento de um autor estrangeiro oriundo de uma outra realidade educacional que se assemelha à nossa e, ao mesmo tempo, difere dela, torna-se importante. Nesse sentido, a leitura do texto original é peça fundamental no sistema que se estabelece, pois sua tradução e conseqüente abertura para nosso público devem expressar

---

[*]Agradeço a Juliana Arantes Figueiredo pela edição das transcrições e dos textos das palestras, o que auxiliou na redação deste capítulo; a Sandra Meire de Oliveira Resende Arantes por sua revisão e a Ronald Sperling pela leitura crítica cuidadosa do texto final.

158 Perrenoud, Thurler, Macedo, Machado e Allessandrini

as idéias e os conceitos do autor em sua origem, porém de forma compreensível para nossa realidade cultural.

Tenho ocupado o lugar privilegiado de realizar a revisão técnica de vários livros de Phillipe Perrenoud, na medida em que a Editora ARTMED tem-me solicitado esse trabalho. Encontro-me em um espaço privilegiado e procuro ser fidedigna ao que está escrito no original, promovendo pequenos ajustes de modo a garantir a compreensão dos conteúdos no texto em português para o público brasileiro.

Inicio retomando os livros que tive oportunidade de realizar a revisão técnica, apontando aspectos que considero relevantes do tema maior: Competências para Ensinar e para Aprender, trabalhado nos Seminários Internacionais que ocorreram em São Paulo e em Porto Alegre, em agosto de 2001, com a participação de grande número de profissionais da educação.

Em *Dez novas competências para ensinar*, encontramos referências precisas acerca da importância de o professor desenvolver uma prática reflexiva com ênfase no que está mudando nas competências profissionais que constroem uma representação coerente do ofício de professor nos tempos atuais (Perrenoud, 2000). Apresenta os eixos de renovação da escola ao propor a individualização e a diversificação dos percursos de formação, bem como os ciclos de aprendizagem e a diferenciação da pedagogia, construindo projetos de estabelecimento nos quais o trabalho em equipe coloca as crianças no centro da ação pedagógica, utilizando métodos ativos e de situações-problema abertas ao desenvolvimento de competências que educam para a cidadania.

Já *Pedagogia diferenciada: das intenções à ação* alerta-nos para a importância de repensarmos as estratégias de mudança, atenuando a ruptura entre as escolas inovadoras e o restante do sistema educativo. Apresenta a profissionalização do ofício de professor e a elevação do nível de formação como caminhos a serem trilhados com consciência e atenção (Perrenoud, 1999).

Em *Formando professores profissionais: Quais estratégias? Quais competências?*, Perrenoud (2001a) conceitua o *habitus* na formação de professores e explicita que a análise das práticas promove a tomada de consciência. Os "gestos do ofício" são vistos como rotinas que, mesmo sendo estruturantes dentro do sistema, demandam uma microrregulação intencional, uma vez que se adaptam às situações de projeto, por exemplo. A transformação dos esquemas é parte do processo de ampliação do *habitus* no exercício da lucidez e da coragem.

Em *Ensinar: agir na urgência, decidir na incerteza*, Perrenoud (2001b) apresenta a escola frente à complexidade, procurando desvelar a face oculta da profissão de professor, que constrói mecanismos adaptativos para desenvolver seu ofício. Aponta vínculos estreitos entre *habitus* e competências, convidando-nos a uma elaboração mais consciente dos saberes e dos conhecimentos como representação do real.

O livro *A pedagogia na escola das diferenças* inicia com um documento que projeta uma escola no futuro, caracterizada como o hospital da atualidade, onde crianças realizam um tratamento obrigatório que se estende por longos anos, mas que efetivamente não se mostra eficaz diante das doenças observadas nas crianças do planeta Kafka no ano 2482. Aponta o incômodo presente no fracasso escolar, define sonhos e procura discriminar as ambigüidades da diferenciação na ação pedagógica. Oferece perspectivas de mudança, convidando-nos a repensar saberes e estratégias, a rever o sentido das relações diante dos obstáculos desse nosso ofício que, por vezes, parece impossível (Perrenoud, 2001c).

Finalmente, em *O desenvolvimento da prática reflexiva no ofício do professor*, Perrenoud (2002) aprofunda aspectos da formação de um profissional reflexivo, tanto em sua formação inicial quanto contínua, ressaltando a importância das idéias básicas que explicitam a concepção da qual parte o projeto pedagógico. Entre outros aspectos, diferencia a reflexão *na ação* da reflexão *sobre a ação;* valoriza o procedimento clínico e a articulação teoria-prática; examina a questão da iniciação à pesquisa como estratégia de formação; analisa as práticas pedagógicas e os aspectos inconscientes do *habitus* na atuação profissional; discute o envolvimento crítico como prática cidadã; enfim, demonstra os caminhos da profissionalização e da prática reflexiva.

Nesses livros há, sem dúvida, a explicitação de verdadeiras faces da complexidade da ação educativa. Retratos precisos do que ocorre de fato na prática do professor-educador, na perspectiva do macro e do microssistema. Reconhecemos nossos desafios e dilemas, as saídas que encontramos e também uma forma diferenciada de olhar o que poderá acontecer se realmente estivermos mais conscientes do que fazemos. Em síntese, se desenvolvermos melhor *awareness* para com as diferentes dimensões presentes nos processos de aprendizagem. O conceito de *awareness* foi elaborado pela psicologia da Gestalt e representa a atitude alerta e presente, consciente e atenta para com os aspectos participantes de um processo, nas inter-relações que se estabelecem para que sua integração ocorra conforme o processo esteja acontecendo.

O presente capítulo pretende abordar aspectos relacionados às competências e à avaliação formativa que se expressam no decorrer da aprendizagem. Assim:

1. Apresentamos o profissional da educação presente atualmente no Brasil: suas competências, seus desafios e suas conquistas a realizar. Também abordamos a necessidade de desenvolvermos

uma nova consciência, assumindo o trabalho pessoal de autoconhecimento como parte de nosso desenvolvimento pessoal.

2. Dialogamos sobre as competências e as habilidades nas relações presentes, no desenrolar dos processos que efetivam a prática educacional.

3. Discutimos a prática reflexiva que o professor-educador precisa desenvolver para promover melhor diálogo entre os processos que desencadeia.

4. Ressaltamos a importância de uma prática educacional permeada por uma ação criadora de sentido, apresentando procedimentos metodológicos – o projeto e a oficina criativa – como novas tecnologias a serem melhor utilizadas.

5. Concluímos apresentando algumas idéias que promovem o exercício de uma prática permeada por valores humanos que instigam a construção de uma cultura de paz nos tempos atuais.

O PROFISSIONAL DA EDUCAÇÃO NO BRASIL

O início deste milênio aponta um panorama educacional que apresenta pequenas grandes mudanças. Pequenas porque ainda há muito a ser modificado. Grandes porque podemos observar a transformação que a elaboração da Lei de Diretrizes e Bases da Educação (LDB) e, posteriormente, dos Parâmetros Curriculares Nacionais (PCNs) vem implantando em cada escola brasileira. Há um novo paradigma vigente diante de uma sociedade que busca novas respostas; entretanto, a "velha ordem" permanece impregnada em cada pessoa, em cada educador.

Por vezes, encontramos caminhos reais e possíveis frente às situações-problema que se apresentam; contudo, muitas vezes, deparamo-nos com dilemas que nos desafiam a agir de forma inusitada até mesmo para nossa própria maneira de ser e de fazer. Percebemos que a fórmula mágica de antigamente não se adequa àquilo que precisamos resolver. Notamos que algo precisa ser diferente, ou melhor, que precisamos mudar nossa maneira de responder às questões que a vida nos apresenta.

Logo, o panorama da educação no Brasil demanda a necessidade de se estabelecer uma prática mais reflexiva, podemos inclusive dizer com um enfoque psicopedagógico – pois a psicopedagogia abarca as questões técnico-científicas tanto sob o ponto de vista da pedagogia quanto da psicologia – que qualifique o profissional da educação, possibilitando o rompimento com o antigo modelo educacional tradicional, segundo o qual o processo de aprendizagem ocorria de maneira fragmentada e reducionis-

As competências para ensinar no século XXI **161**

ta. O trabalho com o desenvolvimento de competências favorece esse rompimento e propõe uma expansão de consciência.

Essa proposta insere-se no contexto de uma visão mais humana e construtivista de educação. Gradativamente, as novas tecnologias em educação vêm adquirindo mais espaço no contexto educacional brasileiro, de forma que uma reflexão a respeito das práticas que permeiam nosso cotidiano de educadores torna-se necessária. Precisamos manter aceso o desejo de nos aprimorarmos como profissionais e, por conseguinte, de estabelecermos estratégias que possibilitem o desenvolvimento de nossas competências. É dessa maneira que podemos suscitar em nossos alunos o desejo de aprender e o desenvolvimento de suas competências.

Aprendendo a ver com olhos observadores e reflexivos, a escutar o discurso que está sendo dito, a ler e a sentir o que está presente nas entrelinhas do texto gestual ou escrito, o educador torna-se capaz de desenvolver uma nova consciência que lhe possibilita enxergar o tácito e o implícito (Allessandrini, 2000) no processo de aprendizagem de seu aluno. Desse modo, é convidado a desenvolver suas próprias competências, direcionando seus alunos para que aprendam a ser e a pensar. Trata-se de uma tarefa, nada fácil, de transformar os padrões estabelecidos a fim de que se possa caminhar no sentido da aprendizagem. Assim, podemos observar que os dispositivos que possibilitam a implantação de uma pedagogia diferenciada (Perrenoud, 1999, 2001c) têm por objetivo garantir aos alunos a coerência e a continuidade de seus processos de aprendizagem.

Esse quadro demonstra a relevância do desenvolvimento de competências para ensinar e para aprender. Somos educadores, pessoas que escolheram atuar profissionalmente em uma área que possui responsabilidade real para com o desenvolvimento de nossas crianças e, portanto, de nossa cultura e sociedade. É importante repensar estratégias de mudança que permitam a profissionalização do ofício de educador e de professor, bem como a elevação do seu nível de formação.

A complexidade presente na regulação de nossas ações explicita os meandros por meio dos quais realizamos ativamente nossa aprendizagem, em um reajuste interno que ocorre a cada momento (Piaget, 1977). Acionar as competências que desenvolvemos para resolver situações-problema é promover esse diálogo e essa regulação (Macedo, 1999, 2000), esse ajuste eterno.

Diante de tais questões, observamos que os tempos mudaram e que nos encontramos diante de um modelo revolucionário de projeto educacional, seja na dimensão pessoal, seja na dimensão institucional.

Apresentamos aqui a proposta de trabalhar a pessoa do educador, em toda a sua competência criadora, de acordo com uma coerência pedagógi-

162 Perrenoud, Thurler, Macedo, Machado e Allessandrini

ca e afetiva, ética, solidária, verdadeira e correta. Perrenoud (1999, 2000, 2001a, 2001b, 2001c, 2002) convida os professores a agirem cooperativamente e propõe a construção de um trabalho em equipe no qual a co-responsabilidade consciente permeie as ações do grupo.

A pedagogia diferenciada (1999) apresenta novos caminhos possíveis de serem trabalhados nas escolas; indica a construção de uma nova maneira de pensar a educação, o processo de aprendizagem e o cotidiano em sala de aula; explicita procedimentos didáticos que representam uma direção a seguir no decorrer de anos de construção de um cotidiano pedagógico; em suma, apresenta caminhos absolutamente possíveis, sob o ponto de vista técnico, de serem estudados e trabalhados por cada um de nós professores-educadores.

Embora tenhamos inúmeras inquietações diante dessas idéias, precisamos mudar, transformar nossas dificuldades em força para fazermos diferente o que sempre acreditamos – porque assim aprendemos, porque pensávamos e realizávamos o que era bom naquele momento. O tempo passa, as realidades mudam e o que era bom não responde aos novos anseios. Então, torna-se necessária uma abertura em direção à implementação de competências que dêem suporte às novas relações que surgem e viabilizem-nas.

Observávamos conseqüências como a não-fidedignidade em relação ao que efetivamente tínhamos diante de nós. Percebíamos uma certa distância entre a realidade da criança e o que lhe ensinávamos. Desenvolvíamos uma avaliação fragmentada, priorizando objetivamente a memorização de conteúdos que Perrenoud (2001b, 2001c) apresenta-nos como secundários, porque eles efetivamente representavam nossos objetivos a atingir... Hoje, estamos diante da necessidade de *estudar* muito, regulando nossa própria ação interna na construção de um novo modo de *pensar* a educação, a aprendizagem, o cotidiano em sala de aula, a avaliação.

Às vezes, percebemos que nossas crenças, arduamente aprendidas em muitos anos de estudo e até de prática profissional, caíram por terra. Novos paradigmas mostram-se cada vez mais convincentes em sua argumentação e na solidez maleável que preenchem aqueles *buracos* antigos – negros, coloridos ou até translúcidos – que demandam hoje novos preenchimentos. Há uma instância interna que faz parte do ser humano que somos e que não *pode* mais se permitir "fazer apenas parte do que precisa ser feito", mas que deseja fazer o certo, o que preenche realmente objetivos conscientes e alinha-se com eles.

A função da avaliação é permitir que a regulação das aprendizagens possa efetivamente acontecer. Os déficits no desenvolvimento de competências que consideramos prioritárias poderão ser resolvidos com atividades criadoras de sentido e, portanto, constituintes de aprendizagens de

As competências para ensinar no século XXI **163**

alto nível, mas também com aprendizagens "secundárias", que focalizam a retenção do conhecimento.

Avaliamos nossos alunos, nossos colegas de equipe e, inclusive, a nós mesmos quando procedemos à auto-avaliação. Procuramos desenvolver uma engenhosidade didática que explicite uma pedagogia diferenciada que atenda – na medida dos tempos – à resolução de tantas dúvidas e inquietações.

No entanto, precisamos desenvolver dentro de nós uma nova qualidade de consciência. Precisamos alavancar o sentido de nos mantermos nessa jornada. Nossa experiência poderá ser diferente se nosso propósito estiver claro – digo propósito porque ele está além dos nossos objetivos, das nossas intenções.

Portanto, faz-se necessária uma mudança de postura por parte do educador frente a tal proposta. É essa mudança que dificulta a implantação das idéias apresentadas por Perrenoud. Nesse sentido, a importância de um desenvolvimento pessoal revela-se determinante para que se possa implantar os procedimentos didáticos apresentados pela Pedagogia Diferenciada.

Outro aspecto que queremos aprofundar refere-se à proposta de avaliação formativa, a qual tem por objetivo permitir que a regulação das aprendizagens possa de fato acontecer, possibilitando a compreensão de nossos alunos, de suas maneiras de construir suas formas de aprender. A avaliação formativa consiste em explicitar instrumentos capazes de regular a ação pedagógica, pois estabelece critérios de observação e avaliação qualitativas que permitem ao professor-educador ter acesso e compreender o que está acontecendo sob o ponto de vista qualitativo, nos processos de aprendizagem em que está participando.

Em uma avaliação formativa, as respostas são reguladoras dos próximos passos, do encaminhamento do processo. Assim, novos rumos para o projeto podem ter espaço de ação de modo que o melhor caminho seja escolhido no decorrer do processo, diante dos desafios que se apresentam. Ou, então, podemos avaliar aspectos que em uma avaliação formal não seriam levados em conta, mas que exprimem com maior coerência o perfil de determinado aluno, apenas para citar algumas idéias...

Afinal, é a capacidade para gerenciar as diferenças que nos permitirá integrar melhor os alunos com dificuldades, aqueles que não conseguem aprender e que, por exemplo, precisam de acompanhamento psicopedagógico para cumprir os atuais programas curriculares. Mesmo aqueles considerados de "vanguarda", por vezes são expressão de uma exigência curricular demasiado distante da realidade!

Somos professores, nossa proposta é participar de forma construtiva da educação de nossos alunos. Porém, temos como tarefa maior, talvez como desafio, não reproduzir o que vivenciamos quando alunos, por vezes

O QUE É COMPETÊNCIA?

até os dias de hoje, pois somos eternos estudantes dentro da profissão que escolhemos como caminho de vida. Afinal, trabalhamos com o material mais precioso: o ser humano.

O QUE É COMPETÊNCIA?

É importante apreendermos a concepção de competência. Do latim, *competentia*, significa proporção, simetria (Saraiva, 1993, p. 260). A noção de competência refere-se à capacidade de compreender uma determinada situação e reagir adequadamente frente a ela, ou seja, estabelecendo uma avaliação dessa situação de forma proporcionalmente justa para com a necessidade que ela sugerir a fim de atuar da melhor maneira possível. É a "qualidade de quem é capaz de apreciar e resolver certo assunto, fazer determinada coisa; capacidade, habilidade, aptidão, idoneidade. [Está relacionada à] oposição, conflito, luta" (Ferreira, 1999, p. 512).

A competência relaciona-se ao "saber fazer algo", que, por sua vez, envolve uma série de habilidades. Do latim *habilitas*, que significa "aptidão, destreza, disposição para alguma coisa" (Saraiva, 1993, p. 539). Ou seja, "notável desempenho e elevada potencialidade em qualquer dos seguintes aspectos, isolados ou combinados: capacidade intelectual geral, aptidão específica, pensamento criativo ou produtivo, capacidade de liderança, talento especial para artes e capacidade psicomotora" (Ferreira, 1999, p. 1024). Já capacidade, do latim *capacitas*, significa "qualidade que uma pessoa ou coisa tem de possuir para um determinado fim; habilidade, aptidão" (Ferreira, 1999, p. 395).

Escolhi recuperar a origem etimológica das palavras *competência, habilidade* e *capacidade* porque tenho observado certo interesse, por parte de professores, em compreendê-las melhor, uma vez que estão bastante presentes em nossa vida profissional. De certa forma, a competência implica uma certa concorrência entre diferentes elementos presentes em uma situação-problema, por exemplo, e pode manifestar-se por intermédio da aptidão para resolvê-los, ou seja, de habilidades que expressam a capacidade que o indivíduo possui para encontrar uma solução para a questão que se apresenta a ele.

Entretanto, apesar desse jogo de idéias que procura articular tais conceitos, observo em minha prática profissional certas diferenciações desses dinamismos psíquicos que considero relevantes, sob a perspectiva da visão sistêmica a partir de pressupostos piagetianos. Nesse sentido, a competência manifesta-se em um conjunto, por meio da articulação de diversas habilidades. Durante o processo de equilibração majorante, a competência representa o resultado do diálogo entre habilidades e aptidões que possuímos, as quais acionamos para buscar um novo patamar de equilíbrio quando entramos em desequilíbrio, pois há uma transformação a ser processada. Esse novo patamar implica uma nova organização dentro do caos representado pelo desequilíbrio temporário e fundamental para a evolução do sistema. Durante esse processo, observamos dinamismos como a capacidade para estabelecermos relações de semelhança e diferença que explicitam aptidões já adquiridas, expressas por meio da habilidade para discriminar. E assim, sucessivamente, com a presença de outras redes de esquemas que dialogam constante e continuamente para desvendar estratégias possíveis que criam e constituem novas respostas para situações-problema novas ou antigas.

É como um novo modo de observar a proporcionalidade que se manifesta agora com uma direção precisa, porém envolvendo muitas outras habilidades já adquiridas e relacionadas a outras capacidades e aptidões. Logo, a orquestra que se impõe nesse momento refere-se à competência evocada e única, notadamente ligada à problemática que estiver ali presente para ser resolvida.

Nessa orquestra, as habilidades e as capacidades dos sujeitos representam os instrumentos a serem tocados em conjunto. Entretanto, podemos observar também que esses mesmos instrumentos solicitaram intenso estudo e exercício de habilidades que possuem uma orquestração própria – que demandam competências também específicas –, até estarem prontos para participar da orquestra maior.

Portanto, os conceitos de *habilidades* e *competências* apresentam especificidades conforme a ótica pela qual os analisamos, de acordo com a posição relativa que ocupam dentro do sistema. Sendo assim, não se trata de uma definição linear. A concepção de competência apresentada por Perrenoud (2000, 2001a, 2001b, 2001c) está inserida no contexto de uma visão sistêmica. Devemos compreender que o sistema permanece em constante movimento e que, por essa razão, reconhece determinado aspecto ora como habilidade, ora como competência. Essa dinâmica constante da articulação de tais conceitos, dentro do sistema, envolve um diálogo entre parte e todo.

Desse modo, a forma de compreender habilidade e competência de acordo com uma visão sistêmica depende do foco adotado para abordar a questão. Macedo (1999, 2000) apresenta-nos a concepção de competência como uma síntese plena de concorrência. Entende-se, nesse caso, que diferentes habilidades concorrem em uma determinada situação para que a competência possa emergir.

Cabe ao sujeito eleger o procedimento que o levará a um possível melhor resultado diante do desafio que estiver enfrentando. Toda a sua energia afetivo-cognitiva será direcionada para essa articulação, com vistas ao resultado esperado, porém de forma cuidadosa para com o processo. Por isso, a competência exprime uma energética afetivo-cognitiva direcionada à realização de um trabalho.

A questão do desenvolvimento de competências envolve a construção de esquemas por parte do professor-educador e do aluno-aprendiz. O professor-educador constrói seus próprios esquemas de conhecimento, fato que pode propiciar que seu aluno também os construa. Afinal, se ele aprender a observar a graduação do processo, poderá aplicar tal conhecimento na compreensão do caminho trilhado por seus alunos.

As competências são formadas passo a passo, segundo um processo de construção contínuo. Entendemos que esse processo ocorre a partir de um diálogo interior, representado pelas relações intrapessoais, assim como pelas relações interpessoais (Allessandrini, 2000a, 2002), as quais implicam inserção e responsabilidade social.

Desse modo, as competências profissionais revelam-se em um professor reflexivo, capaz de avaliar e de se auto-avaliar de acordo com uma postura crítica. Conseqüentemente, as competências refletem-se nas tomadas de decisões, no que diz respeito à escolha de estratégias adaptadas aos objetivos educacionais estabelecidos e às exigências éticas da profissão.

A PRÁTICA REFLEXIVA NA AÇÃO EDUCATIVA

Perrenoud (2001a, 2001c, 2002) aponta a necessidade do desenvolvimento de práticas reflexivas por parte do professor a fim de que este possa propiciar o desenvolvimento de competências em seus alunos. Outorga-nos a profunda necessidade de hoje repensarmos com cuidado e consciência nossos procedimentos e nossa postura diante das situações em que desenvolvemos um papel de liderança educacional. O professor e o educador, assim como os profissionais que trabalham diretamente com a aprendizagem, como os psicopedagogos e os arte-terapeutas, encontram-se na condição de eternos alunos que precisam abrir-se internamente para uma auto-regulação criadora de sentido.

Trabalhar com aprendizagem envolve um contínuo movimento de reflexão, um reajuste cotidiano de nossos próprios processos. Para que possamos ensinar nossos alunos, precisamos rever nosso próprio modo de aprender, nosso modo de construir a experiência. Um processo que se desenvolve resulta em aprendizagem.

Portanto, refletir a respeito do que vivenciamos quando alunos pode ser uma excelente maneira para não reproduzirmos com nossos aprendizes o mesmo caminho que trilhamos, por vezes carregado de antigas aprendizagens que observamos e reconhecemos como aprisionantes. Pode ser

As competências para ensinar no século XXI **167**

uma forma de oferecer a eles oportunidades mais amplas e, ao mesmo tempo, mais direcionadas a questões essenciais que permitem o desenvolvimento de competências.

Segundo Perrenoud (2001a), o exercício de competências exige um alto nível de elaboração mental, pois o que está acontecendo no momento em questão convida a uma resposta pertinente e precisa, adequada ao que está sendo solicitado. Esse fato está ligado a dificuldades presentes no que diz respeito à criação de situações-problema que proporcionem uma verdadeira aprendizagem. Muitas vezes, as situações criadas em sala de aula promovem a mera reprodução de conteúdos, e não uma verdadeira aprendizagem (em sua essência). Enfim, há algo a ser realizado nesse momento por cada profissional da educação!

É necessário o desenvolvimento de uma prática psicopedagógica que viabilize a inserção educacional daqueles alunos que requerem cuidados especiais como parte desse movimento atual. A inclusão hoje é uma realidade com a qual convivemos. Como professores, recebemos crianças com características peculiares, com dificuldades específicas ou com problemas em sua aprendizagem, e precisamos encontrar elementos em comum e focos de interesse que permitam o desenvolvimento de todo o grupo em sala de aula, inclusive daquela criança com dificuldades. Muitas vezes, sentimos o quanto precisamos aprender e aprender... Descobrimos, a duras penas, que a inclusão apenas representa um momento do processo e que ela se tornará efetiva quando a nossa criança diferente ou especial puder sentir-se mais integrada ao grupo ao qual pertence.

Perrenoud (2001c) propõe a individualização e a diversificação dos percursos de formação, de forma que a criança seja o centro da ação pedagógica e possa, assim, desenvolver competências que eduquem para a cidadania. Trata-se de pensar em novas estratégias que favoreçam o desenvolvimento do aluno, em função de suas próprias necessidades alinhadas a referências básicas e estruturantes relativas à ideologia educacional brasileira.

A atuação do professor deve acontecer no sentido da construção de uma nova consciência, consolidando uma cidadania ética e solidária. Nessa perspectiva, os valores humanos re-encontram um espaço fundamental no desenvolvimento dessa consciência, direcionando a conduta cooperativa a ser construída por cada pessoa, criança, adolescente, jovem ou adulto (Allessandrini, 2000, 2001).

A questão que se levanta está relacionada ao modo como podemos ajudar nosso aluno a alavancar seu potencial, construir sua autonomia e desenvolver a auto-regulação de suas ações por meio de uma atitude interdependente, cooperativa, consciente e afetiva. Portanto, a aprendizagem insere-se em um contexto complexo, no qual a necessidade vai muito além da transmissão de conteúdos para o aluno. Trata-se de abarcar o desenvolvimento do potencial criativo que pode manifestar-se em todos os aspectos de sua vida.

Não se pode mais pensar a criatividade e o potencial criativo como componentes específicos e como propriedades exclusivas dos artistas. Eles são inerentes ao ser humano e tornam possível a todo e qualquer indivíduo viver experiências e redimensioná-las, visando a uma melhor qualidade de vida e de presença no mundo.

Avaliar as competências que já desenvolvemos, semeando novas competências a serem construídas pelos aprendizes com os quais trabalhamos, é mais do que nossa meta: expressa nosso propósito em reconhecer o potencial criativo e transformador que cada ser humano possui, independentemente de sua problemática ou forma de ser.

Perrenoud (2000) aponta as competências básicas que cabem ao professor desenvolver. Elas estão ligadas à organização e à estimulação de situações de aprendizagem. O professor deve gerar e garantir a progressão da aprendizagem e também poder refletir sobre como isso pode ser feito. Nesse sentido, a competência do professor pode revelar-se na transformação de uma ação educacional previamente estabelecida em uma intervenção adaptada, frente a uma necessidade específica emergente no contexto educacional.

Falar no desenvolvimento de competências no aluno implica dialogarmos sobre as competências do próprio professor-educador. Para o professor desenvolver competências na criança, ele precisa compreender e redescobrir as suas próprias competências. Precisa desenvolver a possibilidade de enxergar o outro, de senti-lo, de vê-lo e de avaliá-lo, de observá-lo para que, a partir desse processo, possa promover uma linha de ação que favoreça o crescimento de seu aluno e promova sua aprendizagem.

O desenvolvimento desse olhar para o outro também se faz a partir do olhar-se, do observar em si mesmo o que ocorre em seus dinamismos psíquicos que participam de escolhas no dia-a-dia, enfim, do processo pessoal de autoconhecimento que o professor-educador desenvolve contínua e gradualmente. É relevante apontar que o professor-educador que se profissionaliza traz, a cada gesto, sua marca pessoal, seu próprio jeito de ser e de acreditar na vida, suas aprendizagens. É fundamental a qualidade de ser humano que cada um desenvolveu como elemento importante de todo processo e que precisa ser melhor trabalhada.

Compreendo não ser nada simples o que apresento. Reconheço que somos frutos de uma educação tradicional que nos ensinou e que nos "formatou" de acordo com os padrões hoje reconhecidos como até mesmo arcaicos. O que apresento requer uma nova atitude interna diante do que está sendo vivido, pois implica contato com uma dimensão de cons-

As competências para ensinar no século XXI **169**

ciência que permaneça atenta aos sentimentos e às sensações, aos padrões mentais de resposta às situações. Assim, quando as qualidades pessoais expressam-se de um modo melhor ou pior, ou quando emergem os defeitos que se mostram impeditivos para com a fluência do processo, podemos exercer nosso livre-arbítrio para agir com ética e respeito, com aceitação e amorosidade. Há uma parte de nós mesmos que dinamiza e alinha a nossa pessoa no presente com o que aprendemos a ser no passado. Esse é o trabalho pessoal e interno que Perrenoud chama de microrregulação intencional (2001a).

Aprendemos a agir de forma individualizada, a assumir a responsabilidade e a trabalharmos sozinhos para dar conta de nossas tarefas. Ou, então, aprendemos a "comprar pronto", recebendo idéias e conteúdos sem parar para pensar se tinham sentido ou não... Apenas reproduzíamos o conhecimento que era desenvolvido nas escolas da vida. Lembro-me dos inúmeros questionários que devíamos responder com as palavras do professor, as quais não podíamos alterar para garantir uma melhor nota ao final do mês. Ou, então, das aulas repetitivas e monótonas sobre conteúdos que decorávamos para atender a um programa curricular distante de nossa condição de compreensão ou de nossa realidade concreta.

Somos frutos de uma forma de se acreditar na educação. Entretanto, recebemos a imensa tarefa de aprendermos a funcionar internamente de um modo diferente daquele no qual fomos constituídos. A cada dia, vivemos a necessidade de possuirmos uma consciência crítica que participe efetivamente de nossas ações. Percebemos nossas amarras e precisamos aprender a lidar com elas, em favor das crianças, dos adolescentes e dos jovens que chegam a nós como alunos aprendizes, trazendo consigo uma forma diferente (da nossa) de serem alunos.

Há uma consciência crítica que deve ser desenvolvida. Há uma qualidade de ser humano que precisamos aprender a ser. Há uma nova postura que precisa participar de nossa atuação no mundo. Há um caráter criativo mais presente em tudo o que fazemos, alinhado a nossas crenças e valores, permeado por uma ética construtiva e afetiva. Há um desafio imenso que se traduz em pequenos gestos, no cotidiano de nossas vidas pessoais e profissionais, que deve ser enfrentado e elaborado com a maturidade que construirmos. Há competências a serem atualizadas e ressignificadas. Há novas competências a serem desenvolvidas.

É no momento da ação educacional que se expressa a sabedoria do educador por meio da transformação de seu conhecimento em prática. Reafirmo que a capacidade de adaptar suas ações para a promoção de situações que propiciem a aprendizagem demonstra as competências do professor. Por esse motivo, o desenvolvimento de competências no aluno permite que este se torne capaz de aprender a pensar por si, a criar suas pró-

170 Perrenoud, Thurler, Macedo, Machado e Allessandrini

prias respostas para as questões apresentadas pelo professor, e não a reproduzi-las simplesmente.

NOVAS TECNOLOGIAS EM EDUCAÇÃO

A visão educacional que adotamos compreende um aspecto transformador, uma vez que exige uma postura crítica por parte do professor de forma a promover a reflexão. O professor-educador deve assumir a responsabilidade ética de ser um agente de mudanças em seu ambiente de trabalho, transformando-se em um multiplicador de novas idéias. Entendemos a educação como a possibilidade de oferecer ao outro qualidade e condições de desenvolvimento.

Assim, apresentamos duas propostas metodológicas, reconhecidas como Novas Tecnologias, que o professor-educador pode utilizar e que possibilitam o desenvolvimento de competências. O projeto (Allessandrini, 2000a, 2001, 2002), de acordo com uma visão construtivista, implica a criação e a construção de etapas de um processo para o alcance de determinado objetivo. Existe uma dinâmica fundamental para que o projeto possa ser realizado, na medida em que se faz necessária a participação efetiva do professor e do aluno em cada etapa do processo. É no decorrer dessas etapas que se constrói a aprendizagem de ambas as partes (do professor-educador e do aluno-aprendiz). Nesse processo, é necessária uma certa flexibilidade, capaz de conferir liberdade ao aluno e ao professor, para que eventuais mudanças ocorram quando estas se fizerem necessárias. Segundo Perrenoud (2001b), somos educadores e precisamos continuamente "agir na urgência e decidir na incerteza" a fim de que o propósito de desenvolvimento de nossos alunos em toda a sua complexidade possa ser recuperado a cada momento. O projeto, como proposta metodológica, torna-se um guia eficaz para a ação educacional (Allessandrini, 2000a, 2002), uma vez que permite reajustes e detém um valor antecipatório e regulador de ações.

Trabalhar com projetos (Macedo, 1999, 2000) em sala de aula é permitir que nossos alunos compreendam concretamente o que é caminhar passo a passo para realizar uma tarefa. Nesse sentido, quando as primeiras idéias são esboçadas no papel e partilhadas com o grupo, há todo um procedimento que vai sendo constituído para que elas adquiram forma e possam ser realizadas. Logo, inauguram-se novos esquemas de conhecimento fundamentais para que a aprendizagem aconteça (Allessandrini, 1996).

É importante diferenciar as fases de concepção das fases de realização no projeto. As pessoas nele envolvidas devem poder distinguir o que está sendo projetado daquilo que já pôde ser concretizado, de maneira que a seqüência das ações possa ser realizada. Assim, gradativamente, as idéias configuram novas formas que explicitam desejos e intenções; objetivos são definidos e redimensionados. O caminho torna-se base para pequenas ou grandes mudanças. A opinião de cada elemento da equipe, que trabalha em sua realização, é fundamental para que realmente haja uma maior coerência entre o que se pretende e o que se faz.

Torna-se relevante abordar a questão do projeto pessoal neste momento. O professor-educador, assim como o aluno, deve poder criar uma relação afetiva com o projeto em realização. Precisam sentir-se comprometidos com o que fazem, com as idéias que apresentam, com sua receptividade pelo grupo de trabalho e com os retornos que recebem quanto à sua participação no processo. De certa forma, o projeto do grupo também é assumido por cada um como projeto próprio, pessoal. Trabalhar com um projeto pessoal permite que se estabeleça um envolvimento afetivo que, por sua vez, favorece o alavancar de recursos próprios e verdadeiros para a construção da aprendizagem (Allessandrini, 2000a, 2001, 2002).

Outra proposta metodológica que apresentamos para o desenvolvimento de competências é a Oficina Criativa (Allessandrini, 1996, 1998, 1999, 2000a, 2002). Trata-se de uma diretriz segundo a qual o educador convida seu aluno a trabalhar e a elaborar temas e questões. Cada etapa, é permeada por competências e habilidades que se articulam na construção de um espaço que propicia a aprendizagem.

Na Oficina Criativa, observamos uma graduação do processo gerado nos alunos, uma vez que, a partir da idéia inicial de sensibilizá-los, possibilitamos que se expressem livremente, elaborem essa expressão, desenvolvam um trabalho de transposição de linguagem e avaliem-no.

A utilização de recursos expressivos gera a descoberta de aspectos que ainda não haviam sido processados. O criativo é um processo assistemático, no qual as relações se estabelecem continuamente em vários níveis, permitindo que o não-visível possa manifestar-se. A Oficina Criativa permite ao aluno expressar-se, elaborar formas, utilizar diferentes elementos e trabalhar com linguagens e recursos novos. As situações criadas, a partir desse método, fazem-nos ir além do pensar, uma vez que a elaboração envolve processos que articulam sentimento e cognição. Constitui-se em uma ótima oportunidade para que as pessoas possam trabalhar internamente suas competências, desencadeando em si um saber próprio.

Devemos ressaltar o valor de uma certa tensão criadora de sentido, capaz de nos mobilizar a construir, a fazer, a pensar e a realizar, de modo que possamos sair do discurso e partir para o plano da ação. É importante salientar que as metodologias aqui apresentadas vão no sentido do desenvolvimento de uma prática educacional e psicopedagógica que priorize a autonomia criativa, favorecendo a inserção educacional de alunos-aprendizes que apresentam diferentes perfis acadêmicos, inclusive aqueles com dificuldades de aprendizagem.

Reiteramos o quanto é fundamental que o profissional de educação invista em tecnologias inovadoras, contribuindo para que seus aprendizes encontrem seus próprios modos de construção. Dessa maneira, estaremos desenvolvendo uma verdadeira Pedagogia Diferenciada.

VALORES HUMANOS EM UMA CULTURA DE PAZ

Como educadores que somos, encontramo-nos em um movimento de renovação diante desse modelo revolucionário de projeto educacional. Deparamo-nos com a necessidade de trabalharmos no sentido de aprimorar nosso conhecimento e desenvolver nossas possibilidades, favorecendo, assim, o desenvolvimento das competências de nossos aprendizes, permitindo-lhes que aprendam a pensar por eles próprios, a partir de diretrizes básicas, permeadas por valores e princípios.

Os temas transversais, longamente discutidos nos PCNs, representam uma direção educacional efetivamente norteadora, pois solicita-nos a refletir sobre a inserção real de nossos valores em nossa práxis, criando respostas coerentes com o que pressupõe uma ação reflexiva.

Nossos valores e princípios permeiam as situações de aprendizagem e são fundamentais na regulação de nossas ações, favorecendo nossa compreensão a respeito de nossos alunos. Muitas vezes, percebemos que os valores humanos fornecem a sustentação para as situações que envolvem a aprendizagem de pessoas com características especiais, pois assumem a relevância de ressignificar a aprendizagem e encontram espaço na construção de uma consciência ecológica profunda.

Há um compromisso maior a ser assumido por cada professor-educador, relacionado a um posicionamento diante do que está acontecendo em nosso mundo, em nosso planeta e em nossas vidas. Aceitar aquele que apresenta diferenças é apenas uma pequena parcela dessa questão, porém participa ativamente de nosso cotidiano. Desenvolver uma atuação cívica ecológica profunda implica procurar agir, a cada momento, com uma certa qualidade interna em que o preservar leis e normas definidas é importante, assim como respeitá-las porque têm sentido e também praticá-las mesmo em situações adversas. É manter vivo o contato com a natureza em sua essência, na diversidade de suas manifestações.

A escolha de nosso ofício de professores é de nossa própria responsabilidade, sendo imprescindível assumirmos a nossa parte! Nossa formação pessoal, nossos valores morais e éticos são fundamentais, pois ajudam-nos a regular nossas escolhas e nossa compreensão do que está acontecendo.

As competências para ensinar no século XXI **173**

Contudo, precisamos trabalhar nossos limites, nossas dificuldades, nossos medos e nossas inseguranças para que, em desenvolvendo nosso autoconhecimento, possamos atuar nas diferentes situações com mais liberdade interna para *sermos* nós mesmos. Assim, podemos ser mais verdadeiros e mais autênticos. Nossa autonomia íntegra expressa-se na interdependência com que podemos agir em cada momento pessoal e profissional de nosso cotidiano.

Portanto, cada professor-educador deve poder assumir sua tarefa pessoal de expandir a própria consciência, uma vez que hoje está tendo – de fato – a oportunidade de compreender os caminhos invisíveis de *como* pensar seu trabalho, que direções este pode tomar, que bases sustentam a sua construção.

Como o profissional da educação está efetivamente entrando em contato com as dinâmicas que podem melhorar e transformar a educação em nosso país, ele está imbuindo-se do conhecimento que lhe permite atuar. O caminho a ser percorrido por ele poderá, então, ser diferente, o que implica um vislumbramento de esperança em relação ao nosso futuro. É seu compromisso com o âmbito social melhorar o quadro atual que poderá permitir que algo realmente aconteça. É sua consciência crítica que está sendo convidada a permanecer alerta e atenta para com a realidade.

Portanto, podemos passar a contar com esse profissional como agente multiplicador de tais idéias, como parceiro na implantação de projetos criativos e transformadores, mobilizadores de novas aprendizagens e de desenvolvimento. Seu olhar reflexivo é que encontrará maneiras para tratar a transversalidade dos conteúdos curriculares com naturalidade e competência.

Sob um novo ponto de vista, podemos observar que os temas transversais presentes nos PCNs podem ser considerados como uma nova estratégia para gerar conhecimento, de modo que os professores educadores podem conceber situações de aprendizagem para que seus alunos possam vivenciar uma educação voltada para uma cultura de paz. Nesse sentido, propomos uma maior reflexão sobre como transformar as pequenas violências do cotidiano e sobre como mudar a cultura de violência. Salientamos a importância de *formatar* uma nova prática escolar, considerando os diversos atores envolvidos: alunos, professores, equipe pedagógica e comunidade.

De certa maneira, uma nova consciência emerge quando podemos constatar o conhecimento em uma experiência de interação. Há novas relações que se estabelecem, vínculos até então inimagináveis que nos permitem relacionar e mostrar os vínculos orgânicos entre conhecimento e vida real.

Assim, os valores humanos reencontram um espaço importante na construção de uma consciência ecológica profunda. Procedimentos metodológicos que priorizam a autonomia criadora de sentido podem estar mais presentes no cotidiano escolar. Porém, como apontamos anteriormente, essa nova prática está por ser mais efetivada. Gather Thurler (2001) apresenta a responsabilidade do professor diante de todas essas questões como importante elemento mobilizador de mudança de consciência e propõenos mecanismos de inovação no interior da escola. Perrenoud (2001a, 2001b, 2001c) convida-nos a aprender a *ver*, a aprender a *escutar*, a nos mantermos mais atentos e presentes.

Hoje, no Brasil, observamos a emergência de diversos cursos de pósgraduação e de especialização em nossas universidades, como os de psicopedagogia, arte-terapia, educação infantil e ensino fundamental, entre outros. Muitos dos alunos que buscam tal formação são professores que desejam aprimorar sua prática como professores. Desenvolvem, então, um olhar clínico, individualizado, que incorporam como ferramenta de trabalho. Além disso, aprendem a ver com olhos observadores e reflexivos; aprendem a escutar, percebendo o conteúdo presente nas entrelinhas do que está sendo dito. Sem dúvida, desenvolvem uma nova faceta de sua prática que promove sua melhor atuação profissional.

Diante desse panorama, a avaliação formativa desempenha importante papel, pois pode desvendar as articulações mínimas dentro da complexidade, ou seja, os professores aprendem a reconhecer elementos que podem nortear a compreensão de como o aluno funciona, de como a criança que não aprende poderá, finalmente, construir melhor seu próprio modo de aprender.

Há uma alteração do lugar por onde passa a ação/intervenção desse professor. Nesse sentido, considero relevante uma questão abordada sob diferentes instâncias tanto por Perrenoud (2000, 2001a, 2001b, 2001c) quanto por Gather Thurler (2001): a questão do *controle*. Em uma prática reflexiva, o controle passa a ser trabalhado por cada pessoa envolvida no processo. É um controle interno, pois precisamos assumir a regulação de nossas ações e gerenciar nossas escolhas, balizadas por objetivos definidos claramente ou não, a partir do conhecimento já construído. É a expressão de uma ação que se fundamenta nesse conhecimento, mantendo uma essência construtivista a cada gesto, a cada palavra. É a microrregulação intencional (Perrenoud, 2001a) que permite a expressão desse controle saudável e fundamental para o bom andamento do processo.

Retorno aqui ao propósito que nos mantém tão intimamente ligados, diria até conectados, à continuidade do processo educacional. Reforço a importância do desenvolvimento pessoal, pois poderemos, sim, agir com mais lucidez e amorosidade diante das muitas resistências que surgem por parte de alunos, colegas, professores, equipe da escola, pais e comunidade.

Em síntese, nós, educadores, somos convidados a participar da criação e da construção de uma nova consciência. Estamos diante da necessidade de redimensionar o que aprendemos a ser a partir de um processo de reflexão pessoal e de autoconhecimento. Precisamos desenvolver uma ação educativa consciente, que desenvolva nosso aluno em suas potencialidades, em sua capacidade de criar soluções e respostas adequadas, em sua condição básica de agir conjugando crenças, valores e conhecimento. É necessário que propiciemos o desenvolvimento de uma consciência cidadã no aluno.

Assim sendo, trabalhar internamente os dilemas éticos de nossa profissão, utilizar novas tecnologias que envolvam pais, alunos e demais profissionais da equipe pedagógica torna-se parte do processo. Como educadores, devemos observar nosso próprio processo, descobrindo nossas forças e desenvolvendo novas competências para que possamos tornar nossa prática pedagógica realmente efetiva. Precisamos compreender as demandas de nossos alunos e trabalharmos no sentido de atendê-las, de forma a desenvolver nossas competências e possibilitar seu desenvolvimento, segundo um alinhamento ético, em uma cultura de paz permeada por valores humanos.

REFERÊNCIAS BIBLIOGRÁFICAS

ALLESSANDRINI, C.D. Avaliando competências no professor e no aluno. *Psicopedagogia*, Revista da Associação Brasileira de Psicopedagogia. Edição Especial, v.2, *Fórum de Psicopedagogia da ABPp,* São Paulo, v.19, n.58, p.44-53.
————— . *Oficina Criativa e Análise Microgenética de um Projeto de Modelagem em Argila,* 2000a. (Tese de doutorado apresentada ao IPUSP, sob a orientação do Prof. Dr. Lino de Macedo.)
————— . *Ética, valores humanos e educação: interfaces de um projeto de vida.* In: Anais (disquete): (2000) X ENCONTRO REGIONAL DE PSICOPEDAGOGIA – ABPp, Seção Goiás. TEMA: A ESCOLA – Reencontrar a Educação. Goiânia, GO. In Anais; (2001) VII JORNADA CURITIBANA DE EDUCAÇÃO, Curitiba, PR., 2001.
————— . *Sistemas complexos no desenvolvimento de competências: o papel dos valores humanos no aprender melhor.* In: *Anais:* V Congresso Brasileiro de Psicopedagogia – ABPp. I Congresso Latino Americano de Psicopedagogia. XIX Encontro Brasileiro de Psicopedagogos. São Paulo, 2000b.
————— . (org.) et al. *Tramas criadoras na construção do 'ser si mesmo'.* São Paulo: Casa do Psicólogo, 1999.
————— . A alquimia criativa. In: ALLESSANDRINI, C.D.; BRANDÃO, C.R.; LIMA, E.P. *Criatividade e novas metodologias.* São Paulo: Editora Fundação Peirópolis, 1998. (Série Temas Transversais; 4.)
————— . *Oficina criativa e psicopedagogia.* São Paulo: Casa do Psicólogo, 1996.

FERREIRA, A.B. de H. *Novo Aurélio Século XXI: o dicionário da língua portuguesa.* 3.ed. Rio de Janeiro: Nova Fronteira, 1999.
GATHER THURLER, M. *Inovar no interior da escola.* Porto Alegre, Artmed, 2001.
MACEDO, L. de. *Eixos teóricos que Estruturam o ENEM. Competências e Habilidades. Situação problema como avaliação e como aprendizagem. Propostas para pensar sobre situações-problema a partir do ENEM.* Brasília: MEC, INEP Instituto Nacional de Estudos e Pesquisas Educacionais, 1999.

——————. *Competência relacional e situação-problema: elementos para uma reflexão pedagógica.* São Paulo, IPUSP, 2000. [Mimeografado]
PERRENOUD, Ph. *Pedagogia diferenciada: das intenções à ação.* Porto Alegre: Artmed, 1999.

——————. *Dez novas competências para ensinar.* Porto Alegre: Artmed, 2000.

——————. et al. *Formando professores profissionais. quais estratégias? quais competências?* Porto Alegre: Artmed, 2001a.

——————. *Ensinar: agir na urgência, decidir na incerteza.* Porto Alegre: Artmed, 2001b.

——————. *A pedagogia na escola das diferenças.* Porto Alegre, Artmed, 2001c.

——————. *O desenvolvimento da prática reflexiva no ofício do professor.* Porto Alegre: Artmed, 2002.
PIAGET, J. Os processos da equilibração. Posição dos problemas e hipóteses explicativas. In: *O desenvolvimento do pensamento. Equilibração das estruturas cognitivas.* Lisboa, Dom Quixote, 1977. p.13-60
SARAIVA, F.R. dos S. *Novíssimo dicionário latino-português. Etimológico, prosódico, histórico, geográfico, mitológico, biográfico, etc.* 10.ed. Rio de Janeiro/Belo Horizonte, Livraria Garnier, 1993.